Zweimal
Erziehungsurlaub,
bitte!

MANUELA MÜLLER

Zweimal Erziehungs-urlaub, bitte!

Für Frank, weil er glaubt, dass er
in meinen Kolumnen über unsere
Familie immer am schlechtesten
von allen wegkommt. Du bist der
Beste. Ohne dich würde es keine
dieser Zeilen geben. Danke, dass du
mit mir noch nicht verzweifelt bist,
obwohl ich dich manchmal an den
Rand des Wahnsinns treibe.

Für Marius und Jette.
Wenn ihr groß seid und das mal
lesen werdet, versteht ihr vielleicht,
weshalb eure Mutter morgens mit
ihren verquollenen Augen manchmal
aussah wie ein misshandelter Frosch.

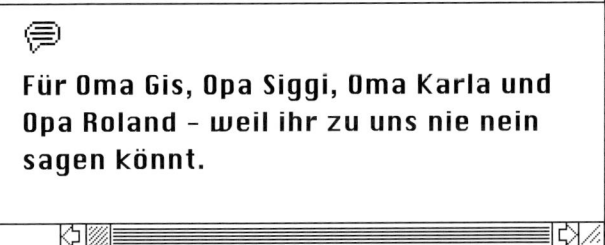

Für Oma Gis, Opa Siggi, Oma Karla und Opa Roland – weil ihr zu uns nie nein sagen könnt.

Vorwort

Wie das so ist – mit Kind im Bauch

Da ist wieder einer. Er sitzt im Straßencafé unterm Sonnenschirm und bekommt einen Eisbecher rein gestopft. Ein gigantischer Bauch ist das. Ob damit heute noch was passiert? Ein Rätsel, wie dieser Eisberg dort noch hinein passen soll. Überall wimmelt es von schwangeren Bäuchen – vor allem, wenn man selbst einen vor sich her schiebt. Sie quellen unter T-Shirts hervor und sagen: „Hier ist der Nabel der Welt". Das ist hoch gestapelt, stimmt aber. Diese Bäuche sind unsere Zukunft, auch wenn sie noch nicht ganz ausgereift ist. Leider kann sich mindestens die Hälfte der Bevölkerung nicht vorstellen, wie sich Schwanger sein anfühlt. Diese eine Hälfte der Menschheit wird schon aus biologischen Gründen nie so einen Bauch mit sich herumschleppen. Mein Freund Thomas, du brauchst jetzt gar nicht so an dir herunter zu gucken und zum Telefon greifen, um mir widersprechen zu wollen. Und Opa Roland, du auch nicht: Eure Bierbäuche zählen nicht.

Im Prinzip ist es keine große Leistung, schwanger zu sein. Diese Meinung habe ich hartnäckig sehr lange vertreten. Ich war genervt von in Szene gesetzten Bäuchen, die als Entschuldigung für alles Mögliche herhalten mussten: für schlechte Laune, vorzeitiges Ausscheiden beim Weggehen und für dicke Waden. Schwanger, na und? Immer schön auf dem Boden bleiben, denn das waren schon viele vor euch. Selbst eure Mütter. Mein Gott, ihr seid doch nicht die Ersten! Früher, bei Maria, da war das noch ein Wunder. Sie wurde als Jungfrau schwanger, das mache mal einer nach.

Dann trifft es mich selbst, und mein Bauch wird zur Sensation in der Familie. „Du musst essen", sagt meine Mutter. „Warum sieht man noch nichts?" fragt meine Schwiegermutter. Ärzte schießen Fotos, wie es drinnen in meinem Bauch aussieht. Die Bilder sind nicht mehr als ein weißer Klecks auf schwarzem Grund, und trotzdem sind alle Omas scharf auf eine Kopie. Es ist das erste Foto ihres Enkels. Die Frauen, die schon selbst mehrere Kinder in die Welt gesetzt haben, jauchzen entzückt, wenn sie den kaulquappenähnlichen Fleck sehen, aus dem ein Enkel werden soll. Wahrscheinlich spielt bei dem heiß ersehnten Nachwuchs das Aussehen keine Rolle. Und ich muss mir plötzlich Sorgen um meine Mutter machen. Sie ist überzeugt davon, dass der Kopf genau das ist, was laut Arzt der Po sein soll. Ich wäre bei beiden Behauptungen sehr vorsichtig. Der Kopf könnte genauso gut ... Bedenklich daran ist, dass meine Mutter das Popo-Gesicht als sehr gelungen bezeichnet.

Schlimmer wird's, wenn die ersten Bilder vom Gesichtsprofil auf dem Tisch liegen. „Sieht aus wie du", sagt meine Mutter beim Anblick dieses kleinen, weißen Geistes. Meiner Meinung nach hat er Ähnlichkeit mit dem Phantom der Oper, aber so etwas sagt man ja als zukünftige Mutter nicht. Ich hoffe, das liegt am Ultraschall.

Am Anfang ist Schwanger sein etwas Surreales. Du siehst aus wie immer, fühlst dich wie immer, wenn du Glück hast, und sollst dir vorstellen, dass du demnächst ein Menschlein aus dir herauspresst. Doch eines Tages trägst du dein Lieblingsparfüm auf und bekommst Brechreiz davon. Du isst deinen Lieblingskäse und hast plötzlich den dringenden Wunsch, dich zu übergeben. Und das tust du dann auch. Und du verspürst das dringende Bedürfnis, dich zu streiten. Einen Grund findest du immer.

Schwanger sein bedeutet, von Woche zu Woche mehr aus der Form zu geraten. Und statt dich zu den Weight Watchers zu schicken, lobt dich dein Mann noch dafür, dass du zunimmst. Du misstraust ihm, weil die Zahl auf der Waage in dir selbst ein Schwindelgefühl auslöst. Will er dich trösten? Insgeheim hast du Angst davor, dass du ab jetzt immer so

aussieht und nie wieder eine Taille haben wirst. Kleidergröße 36 – es war schön mit dir.

Eines Tages geht die Jeans nicht mehr zu. Mit verknotetem Schlüpfergummi versuchst du verzweifelt, Knopf und Knopfloch irgendwie zusammenzuhalten. Bis du kapitulierst und modisch zweifelhafte Gummibund-Hosen kaufst, die bis unter die Brust gehen.

Das alles heißt nicht, dass du ständig daran denkst, dass du schwanger bist. Aber du wirst immer wieder daran erinnert. Zum Beispiel, wenn du müde und verschlafen zur Arbeit gehst und dein Chef dich mustert, als wäre vor seinem Schreibtisch eben ein Wal gestrandet. Oder wenn du Spagetti mit Tomatensoße und viel Käse isst und wie immer dabei ein bisschen herumspritzt. Die Spritzer landen nicht wie gewohnt auf dem Boden oder auf dem Tisch, sondern auf deinem Bauch. Denn der ist praktisch überall. Das ist manchmal deprimierend. Anders als die Männer mit dickem Bauch hattest du schließlich nur ein paar Wochen Zeit, dich an deine neue Figur zu gewöhnen.

Die Kosmetik-Industrie hat die Nöte von Schwangeren als Geschäftszweig entdeckt. Fast jeder Creme-Hersteller verkauft Massage-Öle für Schwangere. Man soll sie, am besten zupfend, morgens und abends auf den wachsenden Bauch auftragen. Das soll vorbeugend gegen Schwangerschaftsstreifen wirken, und vor denen hat jede Frau Angst, weil man damit wirklich aussieht, als wäre man kurz vorm Platzen. Meinen ersten Bauch habe ich vorschriftsmäßig geölt – mit Erfolg. Meine Freundin Anett hat auch geölt und gezupft und ist fast geplatzt. Beim zweiten Bauch habe ich das zwischen Windeln wechseln und Schlaflied singen vergessen und bin trotzdem streifenfrei geblieben. Ich bin stolz auf meinen Bauch.

Schwangersein heißt, dass dein Bauch sein eigenes Leben führt. Das merkt man um das Bergfest herum mit einem Blubb, als würde jemand da drin Knallerbsen zertreten.

Das winzige Wesen probiert seine neuen Arme und Beine aus, und du darfst teilhaben an seiner Freude daran. Kitzelt manchmal, ist aber nicht unangenehm. Das ändert sich, wenn die Beine kräftiger werden und die Tritte gezielt gegen Beckenknochen, Rippen und Blase gehen. Selbst den Schluckauf deines Kindes spürst du. Das fühlt sich an, als würde es mit den Fingern von innen gegen die Wand schnippen.

Wie verhält man sich, wenn man schwanger ist? Kein Alkohol, nicht rauchen. Ab und zu muss ich heimlich am Rotweinglas meines Mannes nippen, nur einen winzigen Schluck, um nicht zu vergessen, wie das schmeckt. Die Ärztin hat gesagt, dass ein kleiner Schluck dem Baby nicht schadet. Meine Ärztin hält mich für einen vernünftigen Menschen. Und sonst? Zerquetscht man das Kind, wenn man auf dem Bauch schläft?

Sollte man jetzt immer Mozart hören, damit es entspannen kann und einen sinnvollen Musikgeschmack entwickelt? Ich bin mir inzwischen sicher, dass pränatale Musik etwas mit dem Charakter zu tun hat, aber nicht mit dem Musikgeschmack. Als Marius, mein kleiner Sohn, in meinem Bauch lebte, musste er oft die Toten Hosen hören. Mir war nach Punkrock in der ersten Schwangerschaft. Immer, wenn ich über die Autobahn zur Arbeit fuhr, hörte ich „Hier kommt Alex" und „Unsterblich". Das hat meinen Sohn geprägt, aber nicht seinen Musikgeschmack. Er steht auf „Alle meine Entchen" und Blasmusik und tanzt auch gerne mal zum Handyklingeln. Dafür sind die Tage mit ihm nicht „Alle meine Entchen", sondern etwas zwischen „Azzuro" und „Zehn kleine Jägermeister". Sie plätschern nicht so dahin, die Tage mit meinem Sohn haben eindeutig mehr Temperament als früher.

Noch interessanter ist die Frage, wie sich die anderen verhalten. Schwangere sind Opfer der Emanzipation. Du schiebst im Supermarkt deinen Einkaufswagen samt Bauch nach vorn Richtung Kasse, wartest in der Schlange, bist froh, deine Sachen endlich aufs Band legen zu dürfen und wirst verdrängt vom hetzenden Vorruheständler, der schnell vor dich will, weil er nur Milch und Zigaretten hat. Du gehst zum Arzt und musst im Wartezimmer stehen, weil kein Stuhl frei ist. Alle schauen betreten nach unten, weil sie dir ihren Platz nicht opfern wollen. Und dann die abwertenden Blicke, wenn du mit Kind im Bauch und einjährigem Fast-Noch-Baby an der Hand durch die Stadt läufst: als wäre es asozial, mehr als ein Kind zu haben.

Es ist nicht einfach, schwanger zu sein. Aber spätestens, wenn dich das Produkt dieser anderen Umstände zum ersten Mal angrinst, bist du froh, dass du Monate lang dick warst.

Manuela Müller
Februar 2012

Und noch ein Vorwort

Hier kommt Jette

Drei Presswehen, und Baby Jette liegt zuerst in den Armen von Hebamme Angela und dann in meinen. Draußen scheint die Sonne, es ist Spätsommer und Wahlsonntag.

Vor zwei Stunden hat Opa Siggi mit seinem VW Caddy eine Vollbremsung vor unserem Haus gemacht, und Oma Gis ist aufgeregt auf die Straße gesprungen, als müsste sie in den nächsten Minuten selbst ein Kind gebären. Ganz so schlimm ist es nicht: Wir haben meine Eltern bestellt, damit sie auf Marius aufpassen, unseren 21 Monate alten Sohn. Während Oma Gis sich sorgt, dass ich es überhaupt bis in den Kreißsaal schaffe, bitte ich meinen Mann, mal eben noch am Opel-Autohaus anzuhalten. Dort ist unser Wahllokal. Ich möchte bitte ein paar Kreuze für unseren Landtag machen, bevor ich ein Kind in die Welt setze. Dann fühle ich mich besser. Und jetzt, nach einer Bockwurst mit Kartoffelsalat in der Krankenhaus-Kantine, ein bisschen Geschrei, das mir inzwischen peinlich ist, und drei Presswehen, die ich lieber mal nicht näher beschreibe, sind wir Eltern von zwei Kindern. Ich schaue meinen Mann an und denke an Bob, den Baumeister und dessen Lieblingssatz: „Können wir das schaffen?" „Jo, wir schaffen das!"

Diese Geschichten erzählen davon, wie sich für Neu-Eltern in zwei Jahren Woche für Woche die Welt verändert.

Es wird wirklich alles anders, wenn man Kinder hat. Zum Glück.

1. Andere Zeiten, andere Sitten

Leute mit Kindern sind verhaltensauffällig. Das klingt hart, ist aber die Wahrheit. Kaum haben sie ihr erstes Kind in die Welt gesetzt, benehmen sich die Eltern, als hätte jemand heimlich etwas mit ihren Köpfen gemacht. Auf einmal fallen ihnen tausend Gründe ein, weshalb sie nicht mehr zum Italiener um die Ecke gehen können: Das Kind könnte dort schreien, es ist zu laut dort, das Licht an der Decke zu grell, das Kind braucht seinen Rhythmus, also ganz nach seinem individuellen Bedarf frisch gezapfte Muttermilch. Außerdem gibt es den Pizza-Service, der das gleiche Essen bis an die Haustür liefert. Dadurch spart man, weil man ja die Getränke nicht kaufen muss, die beim Italiener sowieso viel zu teuer sind. Und außerdem ist es viel gemütlicher, mit einer Pizzaschachtel auf den Beinen auf dem Sofa zu sitzen. Und dann die Gesprächsthemen mit den Neu-Eltern: Das Baby spuckt die gute Milch raus, das Baby hatte seit vier Tagen keinen Stuhlgang, das Baby ist unhygienisch, weil es Baden mit Geschrei boykottiert, das Baby scheint unglücklich zu sein, weil es bei jeder Gelegenheit schreit. Herrje, dann lasst es doch schreien!

Können wir endlich wieder über normale Dinge sprechen? Darüber, ob wir nächste Woche mal wieder zusammen um die Häuser ziehen, bis es hell wird? Oder über N., der sich ein neues Haus gekauft hat und ein Auto dazu, woher nimmt er bloß das viele Geld? Haben wir doch früher auch ausdiskutiert, oder? Von mir aus können wir auch über den Euro, die Banken und Angela Merkel sprechen. Nur bitte nicht über Blähungen und Milchstau und die Farbe des Windelinhalts.

Kann es so schwer sein, einen halben Meter bei Laune zu halten? Man kauft sich eine der tausend Baby-Bedienungsanleitungen, die in den Buchläden Regale füllen, guckt einmal pro Woche der Super-Nanny im Privatfernsehen zu und ist aufgeklärt. Und außerdem war man ja selbst mal klein und weiß, was seine Eltern alles falsch gemacht haben.

Soweit die Theorie. Heute, zwei Kinder später, hat mich die Realität eingeholt. Ich könnte mich immer noch ohrfeigen darüber, dass ich fiese Gedanken hatte, wenn jemand zu mir sagte: „Mit Kind ist alles anders." Was für ein großer Satz! Ich bin dankbar über jeden Einkauf ohne zermatschte Eier und Tomaten, weil Marius, gerade zwei geworden, unbedingt im großen Wagen und nicht auf dem Kinder-Klappsitz mitfahren wollte. Ich bin zufrieden über jede Nacht, in der mich Baby Jette nur zweimal aus dem Schlaf reißt.

Meine Tochter ist nicht immer so gnädig zu mir. Manchmal stößt sie stündlich einen kläglichen Schrei aus, der mich aufschrecken lässt. Wir sitzen dann zusammen auf der Bett-kante, Jette saugt zufrieden an mir herum, und ihre kleine Baby-Welt ist wieder in Ordnung. Bis zum nächsten spitzen Schrei. Jede Pizza vom Lieferservice, die ich warm und ohne Weinen als Geräuschkulisse essen kann, ist ein Festmahl.

Leute ohne Kinder sind komisch. Sie haben keine Ahnung, wie viel Zeit sie haben. Und zu welchen Höchstleistungen so ein gewöhnlicher Mensch fähig sein kann, wenn er Kinder bekommt. Und sie haben keine Ahnung, was sie verpassen.

2. Auf dem Boden der Tatsachen

Mit der Geburt meines ersten Kindes habe ich das verloren, wofür sich meine Vorfahren über Jahrtausende angestrengt haben: den aufrechten Gang. Die meiste Zeit des Tages ver-bringe ich auf allen Vieren. Ich muss aufpassen, dass ich beim Spazierengehen nicht zusammen mit meinem Sohn aus der Haustür krieche. Wahrscheinlich würde ich das nicht mal merken.

Schleichend habe ich mich zurück entwickelt, und das begann, als Marius gerade ein paar Tage alt war. Ich musste mich krumm machen, um meinen Sohn auf dem Wohnzimmertisch zu wickeln. Damals habe ich mir nichts dabei gedacht. Ich meinte es nur gut und legte die Wickelauflage aus dem Kinderzimmer ins Wohnzimmer, weil es dort viel wärmer war. Vielleicht war ich auch ein bisschen zu geizig, oder, positiv formuliert, zu ökologisch. Ich wollte nicht extra das Kinderzimmer aufheizen, nur um dort ein paar Minuten am Tag einen Säugling zu wickeln. Die meiste Zeit verbrachten Marius und ich ohnehin auf der Straße. Er lag im Kinderwagen, und ich schuckelte ihn durch die Welt. Mein erstes Kind ist auf der Straße groß geworden.

Diese Wickelauflage im Wohnzimmer war der Anfang meiner persönlichen Reise in die Geschichte der Evolution. Inzwischen fühle ich mich wohl auf allen Vieren. Es ist praktisch dort unten, besonders bei den Mahlzeiten. Wenn Marius isst, landet mindestens die Hälfte auf dem Boden, verteilt rund um den Tisch. Manchmal glaube ich, er hat Mitleid und will mich einfach nur füttern.

Selbst Jette, die eigentlich das Musterbaby schlechthin ist, zwingt mich auf die Knie. Nach ihrer Milch-Mahlzeit möchte sie gern ein bisschen durchs Wohnzimmer getragen werden. Sie legt dazu ihren Kopf auf meine Schulter, schaut durch die Gegend, und dann passiert es: Bäuerchen, pfatsch, eine Pfütze Milch auf den Fliesen. Wie weit so ein kleiner Mensch doch spritzen kann! Und wenn ich schon mal unten bin, kann ich gleich noch ein bisschen was erledigen. Spielsachen einsammeln zum Beispiel, das bietet sich immer an. Wahlweise schlüpfe ich für Marius auch in die Rolle eines Pferdchens. Das ist dann meine schönste Zeit auf dem Fußboden. Trotzdem habe ich Angst. Ob ich mich im Laufe meines Lebens als Mutter so weit zurück entwickeln werde, dass mein ganzer Körper behaart sein wird?

Vor sechs Millionen Jahren sollen die ersten Vormenschen aufrecht gegangen sein. Unter anderem, um so die Feinde früher zu sehen. Wer hat damals schon damit gerechnet, dass eine junge Mutter einmal den ganzen Fortschritt in Frage stellen würde?

3. Weihnachtsmarkt mal anders

Es ist Weihnachtszeit, meine erste mit Baby und Kleinkind. Mit so einem Baby ist es ja noch relativ einfach, über Weihnachtsmärkte zu bummeln. Man zieht es warm an, legt es in seinen Kinderwagen und spaziert los. Und wenn zwischen dem „Oh Tannenbaum"-Marktgedusel ein kleiner Knietscher aus der Kutsche kommt, schaukelt man das Baby ein bisschen, bis es wieder zufrieden ist.

Mit einem Zweijährigen ist das schon anders. Da wird dir klar, dass es einen Unterschied zwischen Weihnachtsmarkt-Bummel mit Kind und Weihnachtsmarkt-Bummel ohne Kind gibt. Ohne Kinder sucht man sich erst mal eine Glühweinbude und einen Rosterstand, schlängelt sich durch die Menschenmassen und schaut, was alles verkauft wird. Am Ende hat man ein original erzgebirgisches Räuchermännchen oder zumindest geräucherten Schinken gekauft, nimmt noch einen Abschluss-Glühwein und für den Heimweg eine Tüte gebrannte Mandeln mit.

Kinder haben da andere Vorstellungen, habe ich festgestellt. Marius zum Beispiel hat den Weihnachtsmarkt zu seinem persönlichen Vergnügungspark erklärt. Offenbar hat er einen Sender dafür, dass es dort nicht nur Mama-Tee und Papa-Tee gibt, wie wir notgedrungen aus Erklärungsnot zum Glühwein sagen. Ich finde, mein Sohn ist zu jung für die Wahrheit. Ich möchte ihm noch nicht sagen, dass ich etwas trinke, das nur für Erwachsene ist und wovon ihm übel werden würde.

Marius beginnt seinen Bummel mit einer Waffel mit Puderzucker, die er häppchenweise verdrückt. Danach sieht er aus, als hätte es eben geschneit. Hat es aber nicht, es ist nur der Puderzucker, der leise von seiner Waffel gerieselt ist. Er lässt sich die Hände mit Feuchttüchern reinigen, weil er klebrige Hände nicht leiden kann. Dann geht's zum Karussell. Während er in der Feuerwehr sehr viele Runden dreht und hupt, trinken wir in Ruhe den Glühwein, den mein Mann derweil besorgt hat. Der wird damit noch teurer, als er ohnehin schon ist, da zum Glühwein-Preis noch ungefähr fünf Karussell-Chips hinzukommen. Trotzdem sind wir alle zufrieden – jeder hat, was er will. Für Weihnachtsmarkt-Junkie Marius geht der Spaß danach weiter. Im Karussell hat sich herumgesprochen, dass man auf dem Markt auch reiten kann, und er winselt „Ferdse, Ferdse". Also suchen wir nach den Pferdchen und lassen ihn reiten.

Ob mit oder ohne Kinder: Unterm Strich gibt man das gleiche Geld aus. Die Summe, die im vorweihnachtlichen Konsumrausch auf der Strecke geblieben wäre, steckt jetzt in einem sehr, sehr glücklichen Zweijährigen.

4. Die Farbe Lila

Mein Spiegelbild hat die besten Zeiten hinter sich, befürchte ich. Morgens ohne Schminke eignen sich meine Augen perfekt zum Farben lernen. Die Augenschatten sind sehr, sehr lila. Um nicht zu verzweifeln, rede ich mir meine schlaflosen Nächte deshalb jetzt schön: Sie sind pädagogisch wertvoll.

Baby Jette ist zwar ein friedlicher Mensch, hält aber nicht viel von Nachtruhe. Und so gliedert sich unsere Woche in gute und schlechte Nächte. In den guten meldet sie ihren Bedarf an Nahrung zweimal mit leisen „läähhs" an. Ich nehme sie aus dem Bett, Jette nimmt ihren Mitternachtsimbiss und schläft dann weiter. In den schlechten Nächten meldet sie sich doppelt so oft – vermutlich, weil sie vom vielen Milchtrinken

Bauchschmerzen hat. Also versuche ich, ihr bei ihrem Kummer beizustehen. Ich lehne mich über ihr Bett und streichle sie. Und wenn das nichts hilft, gehen wir eine Runde im Schlafzimmer spazieren.

Mein Mann stopft dann sein Ohropax tiefer in seine Gehörgänge und zieht sich die Decke über den Kopf. Dadurch ist nach den schlechten Nächten wenigstens ein Elternteil zurechnungsfähig.

Es gibt aber auch ganz schlechte Nächte. Das sind die, in denen Jette so laut schreit, dass sie im Nachbarzimmer ihren Bruder Marius weckt. Das führt zur Kettenreaktion, auf die ich lieber nicht näher eingehen möchte – um potenzielle Eltern nicht abzuschrecken. Solche Nächte haben Folgen. Neulich wollte ich mir morgens das Gesicht mit Zahncreme einschmieren. An den blauen Streifen in der Creme habe ich gemerkt, dass ich die falsche Tube erwischt habe. So löst sich auch das Rätsel, weshalb Zahnpasta bunt ist.

Schlafentzug ist wie Folter, hat mein Friseur gesagt. Beruhigend ist das leider auch nicht. Wie soll man nach einer Folter bitteschön noch in der Lage sein, Kinder zu erziehen?

Man muss eben auch mal ein Opfer bringen, sage ich mir. Und ich tröste mich damit, dass ich meinem kleinen Sohn nach den schlechten Nächten auch Farben lernen kann, die nicht jedes 25 Monate alte Kind so perfekt beherrscht wie er: lila zum Beispiel. Lila ist die Farbe, die seine Mutter im Gesicht hat und morgens immer mit beige übermalt.

5. Das Sonnensystem

Kleine Kinder sind wie Sonnen, Familien wie ein ganzes Universum. Das habe ich irgendwo gelesen und mir gemerkt. Lange konnte ich damit nichts anfangen. Doch jetzt, wo ich mit zwei winzigen Menschen zusammen lebe, weiß ich, was das heißen soll. Ja, das stimmt mit den Sonnen. Es hat einen Grund, dass unsere Tagesmutter Connie jeden Vertreter ihrer Kinderschar „meine kleine Sonne" nennt. Weil sie um sie herum kreist. Connie hat fünf Sonnen. Ich frage mich manchmal, wie sie es schafft, dass ihr dabei nicht schwindlig wird. Es ist so: Kaum sind Kinder auf der Welt, schaffen sie ein neues Sonnensystem. Und sie selbst stehen im Mittelpunkt, sie sind die Sonne. Mama und Papa, Omas und Opas – sie alle sind Planeten, die von der kleinen Sonne gesteuert werden. Das macht selbstbewusst. Meine Sonne Marius nutzt diese Macht gerne aus. Er gibt klare Anweisungen. Wenn Planet Papa mit ihm zusammen Autos durch die Gegend schieben soll, sieht das so aus: Marius ruft „Papa komm ma hee-heer! Papa Auto piele." Dann drückt er meinem Mann einen kleinen Trabi in die Hand, zeigt den Ort, an dem sich mein Mann niederlassen soll und sagt: „Papa hierhin." Das funktioniert in der Regel sehr gut, auch mit anderen Planeten. Mein Schwiegervater beobachtet das mit Sorge. Er hat uns ein Buch des Kinderpsychiaters Michael Winterhoff geschenkt. Titel: „Warum unsere Kinder Tyrannen werden." Winterhoff nennt das Selbstbewusstsein der Kleinkinder jedenfalls den frühkindlichen Narzissmus. Eine Entwicklungsstufe, auf der manche Menschen stehen bleiben.

Marius scheitert seit kurzem immer häufiger an seiner Funktion als Sonne. Im Park beim Entenfüttern zum Beispiel. Er wollte eine bestimmte Ente mit Brot versorgen, doch die war zu langsam. Als ein Rivale auf das Brotstückchen zusteuerte, schimpfte Marius. Doch der Rivale fraß es trotzdem. Eine andere Ente schnatterte, und Marius hatte daran sichtlich Freude. Als sie aufhörte, bat er sie höflich: „Nochmal." Nichts passierte. Selbst nach der fünften Aufforderung blieb die Ente stumm.

Auch daheim läuft es für Marius neuerdings nicht immer wie gewünscht. Mit Baby Jette haben wir als Planeten jetzt zwei Sonnen, was uns ganz schön in Bedrängnis bringen kann.

6. Das sieht alles der Weihnachtsmann 💬

Der Weihnachtsmann ist ein armes Würstchen. Die Männer, die ihn spielen müssen – alles arme Würstchen. Warum? Es wird schlecht über den Weihnachtsmann geredet. Und damit indirekt auch über die, die in seine Rolle schlüpfen. Denn die sind ja dann Weihnachtsmänner und damit ziemlich brutale Typen, vor die man als Kind besser nicht ohne seine Eltern treten sollte.

„Der Weihnachtsmann steckt dich in den Sack", drohen verzweifelte Mütter und Väter. Manche behaupten sogar, er nimmt böse Kinder mit in den Wald und macht sie zu seinen Wichteln. Dort müssen die bösen Kinder dann so lange Weihnachtsgeschenke für die lieben Kinder einpacken, bis sie nicht mehr frech sind und es verdienen, wieder nach Hause zu dürfen.

Alles Verleumdungen gegen einen Wehrlosen. Auch wenn es keinen real existierenden Weihnachtsmann gibt: Seine Figur geht auf einen durchaus netten Menschen zurück, auf Bischof Nikolaus. Im vierten Jahrhundert soll er arme Leute beschenkt haben. Und daran gibt es nun wirklich nichts zu kritisieren. Mag man von seinen roten Coca-Cola-Klamotten halten, was man will.

Ich wollte den Weihnachtsmann jedenfalls nicht missbrauchen. Ich wollte nie, dass er für meine Kinder zur zwielichtigen Gestalt wird. Jetzt ist er es doch. Marius sieht in dem alten Mann mit Vollbart einen Spion, der Kinder im Visier hat, die sich schlecht benehmen. In einer nervlich angespannten Stunde habe ich das Bild zerstört, das mein Sohn vom Weihnachtsmann hatte: Marius übte mit seinem Leberwurstbrot mal wieder Weitwurf, als mir die magischen Worte heraus rutschten: „Das sieht alles der Weihnachtsmann!" Es funktionierte, er aß auf. Zu meinem Schutz möchte ich klarstellen, dass ich weder mit Sack, Wald oder Rute gedroht habe. Ich habe nur gesagt, dass der Weihnachtsmann Brot werfenden Kindern keine Geschenke bringt.

Jetzt fühle ich mich wie eine Lügnerin. Obwohl ich ja nur ein bisschen gelogen habe. Denn dass ein unartiges Kind Heiligabend leer ausgeht, ist doch durchaus realistisch. Obwohl ich das nie übers Herz bringen würde.

Dagegen sind keine Fälle bekannt, in denen Knecht Ruprecht Kinder entführt und als Wichtel eingesetzt hat.

7. Silvester auf dem Sofa

Noch ein paar Tage, dann ist schon wieder Silvester. Für junge Menschen ohne Kinder ist das in der Regel ein Ereignis, das am besten Monate vorher exakt geplant werden sollte. Fährt man weg? Und wenn ja, wohin? Organisiert man eine Party? Wo steigt die beste Fete, bei der man mit minimalem Aufwand maximalen Spaß haben kann? Silvester ist jedenfalls sehr, sehr wichtig im Leben eines jungen Menschen ohne Kinder. Ja, ich habe gerne Silvester gefeiert.

Ich konnte nie verstehen, warum meine Eltern den letzten Tag des Jahres vorm Fernseher mit einer Flasche Sekt verbrachten. Sie saßen auf ihrem Sofa, das von den vielen Fernsehabenden schon Sitz-Beulen hatte. Und dort warteten sie, bis es draußen knallte. Manchmal schliefen sie zwischendurch ein, weil sie die Silvester-Fernsehprogramme im Prinzip schon von den vergangenen Jahren kannten. Gegen Mitternacht wachten sie von der vielen Knallerei auf. Sie gingen vor die Haustür, wünschten den Nachbarn ein gesundes neues Jahr und warteten weiter, bis meine Brüder und ich nach Hause kamen.

Heute verdrängen wir die Silvester-Frage. Warum? Sie beantwortet sich von selbst – wegen der Kinder. Mit lila Augenringen feiert es sich nicht so gut, finde ich.

Jeder feiert für sich, weil die lieben Kleinen betreut werden müssen. Weil Jette noch so ein kleines Baby ist, sehe ich nun dem dritten Sofa-Silvester entgegen. So kleine Kinder bei den Omas unterzubringen, ist schwierig und mit einem schlechten Gewissen verbunden. Außerdem genießt die neue Großeltern-Generation ihre Freiheit. Sie verabredet sich zu Partys! Nach 20 Jahren Silvester daheim schwärmt sie aus – verkehrte Welt. Und wir? Feiern vor der Glotze.

Für mich persönlich wird es ein kleines Erfolgserlebnis werden, wenn ich Mitternacht ein Glas Sekt in der Hand halten darf. Denn Baby Jette hat um diese Zeit anderes mit mir vor. Pünktlich um fünf vor zwölf will sie ihr Milchdepot auffüllen. Und pünktlich heißt bei ihr pünktlich. Na dann, Prost!

Die Party steigt jetzt anderswo und meistens ohne dich. Aber das ist nicht schlimm, weil du ohnehin viel zu müde bist. Nachts bist du anderweitig beschäftigt.

8. Der hässliche Weihnachtsbaum

Endlich haben wir es hinter uns. Die Müllmänner sammeln in unserer Straße verdorrte Weihnachtsbäume ein. Das heißt, wir können unseren Baum abschmücken, neben die Mülltonnen legen und warten, bis wir ihn los sind. Vielleicht werde ich mich ans Fenster stellen und warten, bis die Müllabfuhr kommt und ihn holt. Nur zur Sicherheit. Damit sie ihn nicht vergessen.

Gäbe es einen Wettbewerb für den hässlichsten Baum des Jahres – er hätte gewonnen. Sein ganzes Tannenleben lang ist er im Sturm gewachsen: Er ist schief, die Zweige sind nach oben gebogen, an manchen Stellen ist er kahl. Schon das reicht, um zu sagen, dass der Baum nicht besonders schön geraten ist. Zur Krönung fehlt ihm auch noch die Spitze. Die früheren Besitzer haben sie abgesägt, weil er für ihren Geschmack zu schnell gewachsen ist. Weil man aber von unten nichts wegmachen kann, haben sie eben die Spitze gekappt. Und wie das Ding nadelt und harzt.

Endlich fliegt er raus, der peinliche Baum, den mein Vater angeschleppt hat. Er kann nicht nein sagen, wenn die Leute ihm etwas schenken wollen. Und weil ich auch schwer nein sagen kann, verbrachte der Baum seinen Lebensabend in unserem Wohnzimmer. Trotz aller Makel gibt es zwei Menschen, die den Baum vermissen werden: Marius und Baby Jette. Die beiden haben ihn geliebt. Jette schaut immer wieder fasziniert auf die Lichter, die sich um den Baum spannen. Und Marius hat ihn mit Hingabe geschmückt. Mit seinen kleinen Händen hat er rote Herzchen, Kugeln und Sterne an die verbogenen Zweige gehängt. Was wiederum am Ende auch nicht besonders schön aussah, aber das war dann auch egal.

Er hat jedem Gast stolz seinen Baum gezeigt und erzählt, dass er ihn selbst geschmückt hat. Die Holzeisenbahn, die er sich so sehr vom Weihnachtsmann gewünscht hat, fährt seit Heiligabend um den Baum herum. Unsere hässliche Tanne ist der erste Baum, den unser Sohn angeputzt hat. Nun wird Marius eines Morgens aufwachen und seinen Baum suchen. Er wird ihn neben den Mülltonnen finden, und wahrscheinlich wird für ihn dann eine kleine Welt zusammenbrechen. Wenn ich daran denke, kommen mir die Tränen.

9. Johannes hat es gut 💬

Nach der Geburt muss man sich entscheiden: Möchte man zu den Eltern mit oder ohne Autoaufkleber gehören? Möchte man, dass die Namen der Kinder auf der Heckscheibe stehen? Das sind Fragen, die schwer zu beantworten sind. Grundsätzlich wollen wir unsere Familie beim Autofahren nicht zur Schau stellen. Und zugekleisterte Scheiben sehen auch nicht besonders schön aus.

Ich bin ehrlich. Wenn vor mir ein Auto fährt, an dem eine Baby-Karikatur mit Krone oder Zöpfen klebt, dann fahre ich ein kleines bisschen schneller, um den Namen lesen zu können. Manchmal stelle ich mir dann vor, wie die Leute vor mir so sind. Zum Beispiel, wenn ihre Tochter Melodie heißt. Und das ist kein Witz, sondern ein Name, den ich schon überholt habe. Ich stelle mir vor, dass die kleine Melodie nur pink trägt und nur mit Barbie und Ken spielt. Oder Johannes. Was wird aus ihm werden, wenn er groß ist? Ich vermute, er schnappt sich einen sicheren Posten im Rathaus als Sachgebietsleiter, oder er wird mal Organist in der Kirche. Johannes hat es bestimmt gut und bekommt daheim nur Bio-Gemüse.

Mit den Aufklebern läuft man Gefahr, in eine Schublade gesteckt zu werden. Besonders schlimm ist es, wenn Kevin oder Chantal vom Auto grinsen. Das lässt sich zumindest von einer Studie der Universität Oldenburg ableiten. Demnach hegen Lehrer Vorurteile gegen Kinder mit bestimmten Namen. Kevin und Chantal gelten zum Beispiel potenziell als verhaltensauffällig. Grausam ist der Gedanke, dass wildfremde Mitmenschen einem wegen der Kindernamen einen Stempel verpassen. Schnell vergisst man da den Sinn dieser Aufkleber. Sie sollen zur Rücksicht mahnen – wegen Chantal, Kevin und wie sie alle heißen.

Ich habe vor ein paar Tagen spontan so ein Ding bestellt. Ein fremder Mann gab mir auf dem Parkplatz meines Stamm-Supermarktes den letzten Anstoß, und zwar so: Ich stellte meinen Pampers-Bomber auf den „Eltern mit Kind"-Parkplatz und wurde dabei von dem Fremden beobachtet. Dann wies er mich darauf hin, dass der Parkplatz für Eltern mit Kindern gedacht ist. Ich nahm meine Babyschale inklusive Baby Jette vom Rücksitz und antwortete, mein zweijähriger Sohn könne heute ausnahmsweise nicht dabei sein.

10. Jette entdeckt ihr neues Zubehör 💬

Schlafen, schreien, trinken, sabbern, Windeln füllen: Menschenbabys sind nur mit wenigen Grundfunktionen ausgestattet, wenn sie auf die Welt kommen. Wären sie reifer, so wie Kälbchen zum Beispiel, dann würden sie nicht durch den Geburtskanal ihrer Mutter passen. Das wäre ungünstig, aber das ist ein anderes Thema. Babys lernen ständig. Sie sind ehrgeiziger, als sie es später im Leben je sein werden.

Vor einiger Zeit stellte Jette fest, dass sie Hände hat. Zwei Stück, auf jeder Seite eine. Sie lag auf dem Rücken, streckte die Arme nach oben und sah, dass an den Enden der Arme noch etwas Interessantes dran ist. Seitdem beschäftigt sie sich ausgiebig damit, ihre Hände zu beobachten. Sie hält sie vors Gesicht und starrt ihre Finger an. Ich vermute, sie studiert, wie sich die einzelnen Finger bewegen lassen.

Das sieht komisch aus, weil sie dabei schielt. Aber daraus macht sie sich nichts, weil sie nicht besonders eitel ist. Nun hat Jette eine besondere Entdeckung gemacht: Sie kann zugreifen. Ihre Erkenntnis: Hände sehen nicht nur schön aus, sondern sie sind auch praktisch. Seit sie das weiß, ist nichts mehr sicher, was in die Nähe ihrer Hände kommt. Oma nimmt sie auf den Arm – Jette bedankt sich, indem sie an Haaren und Halskette zieht.

Marius ist von den neuen Funktionen seiner Schwester begeistert. Er schleppt Spielsachen aller Art zu ihrer Krabbeldecke und wedelt damit vor Jettes Nase. Jette ist dann sehr berechenbar. Ihre Arme schnappen hoch, und sie greift mit beiden Händen nach dem Gegenstand, bis sie ihn selbst hält. Eine Weile schaut Marius sich das an, beobachtet, wie kritisch Jette seine Sachen anschaut. Dann macht Marius seinen nächsten Schachzug. Er nimmt ihr das Spielzeug wieder weg und hält es so hoch, dass sie es begehren, aber nicht wegschnappen kann.

Jette wiederum wehrt sich mit einer ihrer Ureigenschaften:
Sie schreit.

11. Entschuldigung, ich habe Stilldemenz

Demenz gehört zu den ganz schlimmen Dingen, mit denen
man nichts zu tun haben will. Ich habe mir bisher keine
großen Gedanken über Demenz gemacht, denn für Demenz
bin ich noch zu jung. Doch jetzt, mit Baby?
In mein Leben ist die Stilldemenz getreten. Junge Mütter
benutzen das gerne als Ausrede, wenn sie etwas vergessen
haben. „Das liegt an meiner Stilldemenz", sagen sie dann.
Dabei lächeln sie süffisant und zwinkern mit den Augen, und
ihr Gegenüber, vor dem sie sich gerade rechtfertigen, tut das
Gleiche. Als handle es sich um einen kleinen Scherz am Rande.
Von wegen Witzelei! Ich möchte mich zwar nicht als dement
bezeichnen, aber ohne Zettel geht nichts mehr seit Baby Jettes
Geburt. Neulich hatte ich eine gute Idee, was ich hier in dieser
Kolumne mal aufschreiben müsste. Hab's aber dummerweise
nicht notiert und vergessen. Um nicht allzu viel zu vergessen,
schreibe ich fast alles auf. Jeden Termin, selbst wenn es ein
Kaffeekränzchen ist. Deshalb bin ich von sehr vielen Zetteln
umgeben, und es kann sein, dass ich etwas vergesse, weil ich
nicht mehr weiß, wohin ich den Zettel gelegt habe. Die ganz
wichtigen Dinge speichere ich im Handy-Kalender ab, der
mich mit einem Spezialklingelton erinnert. Das hilft mir, um
die ganz wichtigen Dinge nicht zu vergessen.
Weil es nicht nur mir so geht, gibt es am anderen Ende der
Welt Menschen, die sich professionell mit Stilldemenz beschäftigt haben: australische Wissenschaftler. Die haben
erforscht, dass Frauen während Schwangerschaft und Stillzeit
an Erinnerungsschwäche leiden. Am Schlafmangel und an

den Hormonen soll das liegen. Das Kurzzeitgedächtnis junger Mütter entspreche dem von 60-Jährigen.

Ich kenne ein sehr plastisches Beispiel dafür, was das bedeutet: Ein mir bekannter deutlich über 60-Jähriger, nennen wir ihn Opa Roland, hat vor einiger Zeit ein Geburtstagsgeschenk für seine Frau gekauft. Er hat es versteckt, damit sie es nicht zufällig findet und die Überraschung weg ist. Jetzt, kurz vor dem Geburtstag, sucht er verzweifelt nach seinem Versteck. Er ist so verzweifelt, dass er mit seiner Frau darüber gesprochen hat. Er entschuldigte sich dafür, dass er ihr Geschenk leider nicht mehr finden kann. Und sie gestand, das Geschenk zufällig entdeckt zu haben. Wo, weiß sie aber auch nicht mehr. Sie ist ebenfalls über 60.

12. Klein, aber oho 💬

Meine Kinder sind Genies. Ich möchte nicht mit ihrer Intelligenz prahlen, aber es gibt Dinge, zu denen muss man einfach stehen. Und diese Sache gehört dazu. Im tiefsten Inneren war es mir schon kurz nach der Geburt der beiden klar. Marius und Jette konnten ein bisschen Französisch, obwohl sie die Sprache noch nie gehört hatten. Wenn sie Hunger hatten, dann teilten sie mir das auf Französisch mit: Sie riefen „lää, lää, lää". Im Französischen wird das „lait" geschrieben und im Sächsischen „lää" ausgesprochen. Das bedeutet Milch. Meine Kinder schrien also „Milch, Milch, Milch", und ich war unheimlich stolz auf sie. Jette bevorzugt heute noch das Französische, wenn sie Hunger hat. Sie verzieht dann ihren winzigen Mund, wimmert ohne Tränen und spricht französische Ein-Wort-Sätze.

Die Zeiten, in denen Eltern normale Kinder in die Welt setzen, sind vorbei. Das sehe ich in meinem Bekanntenkreis. Auch dort haben die meisten Frauen Genies in die Welt gesetzt.

Eines konnte zum Beispiel mit fünf Monaten in die Hände klatschen, was in dem Alter wirklich nicht so einfach ist, ein anderes konnte mit neun Monaten laufen. Wiederum ein anderes hatte nach der Geburt zumindest die Frisur von Albert Einstein. Und mein Sohn Marius ist schon mit eineinhalb Jahren so gut Laufrad gefahren, dass die älteren Damen, die ihn sahen, verzückte Töne ausstießen. Es gibt noch mehr Indizien, die auf seinen Genius hinweisen. Sein unbeugsamer Willen zum Beispiel. Die anderen noch alle aufzuzählen, würde hier aber den Rahmen sprengen.

Jedes Kind ist also ein potenzielles Genie. Fragen Sie Eltern, die Sie kennen. Die werden das vorbehaltlos bestätigen. Die Sache hat einen Haken. Leider gelingt es den Eltern oft nicht, den Rest der Welt davon zu überzeugen, wie genial ihr Kind ist. Fragt man Erzieher und Lehrer nach besonders hellen Köpfchen in ihren Häusern, schauen die meisten betrübt drein. Sie erzählen von Sprachfehlern, Konzentrationsproblemen und den Schwierigkeiten, die immer mehr Kinder schon beim Ball fangen an den Tag legen.

Offenbar liegen manche Eltern vor lauter Stolz daneben, wenn sie die Talente ihrer Sprösslinge einschätzen. Zum Glück ist das bei meinen Kindern anders. Hoffentlich.

13. Urlaub neben dem Babyphon

Ich würde gern mal den Typ zu mir nach Hause einladen, der das Wort „Erziehungsurlaub" erfunden hat. Früher hätte ich ihn als Idioten bezeichnet. Solche schlimmen Worte vermeide ich heute. Ich muss schließlich Kinder erziehen und kann mir keine verbalen Aussetzer leisten. Also erkläre ich mal so, was ich meine: Der Typ, der das Wort „Erziehungsurlaub" in die Welt gesetzt hat, kennt Babys höchstwahrscheinlich nur von den liebevollen Fotos von Anne Geddes. Die Frau scheint auf

Babys zu wirken wie eine Schlaftablette: Sie schlafen meistens, wenn Anne Geddes fotografiert. Glaube ich zumindest.

Ich liebe meine Kinder über alles, aber Urlaub ist etwas anderes. Urlaub heißt aufstehen, wenn man von alleine wach geworden ist, sich um nichts kümmern müssen, herumsitzen und lesen, wenn einem danach ist. Oder ein bisschen spazieren gehen. Je nachdem, wie man sich am besten erholen kann. Für alle, die noch keinen Erziehungsurlaub hatten: Stellen Sie sich das Gegenteil von Urlaub vor, dann bekommen Sie eine ziemlich genaue Vorstellung davon.

Ich kenne viele Leute, die stöhnen, wenn sie nach acht, neun Stunden von der Arbeit heimkommen. Sie setzen sich dann aufs Sofa, legen die Füße hoch und zappen sich durchs Fernsehprogramm. Solche halbwegs geregelten Zeiten wären auch für den Erziehungsurlaub nicht schlecht. Aber der Arbeitstag hat im Erziehungsurlaub weder Anfang noch Ende. Tagsüber wäschst du, putzt, räumst ständig Sachen weg und hältst sehr, sehr kleine Kinder bei Laune, was eine echte Herausforderung sein kann. Aus dem Abend wird so ziemlich nie ein Feierabend. Bei uns sieht das so aus: Wenn Marius und Jette im Bett sind, beginnt die Babyphon-Rufbereitschaft, die auch gerne in Anspruch genommen wird.

Positiv in meinem Erziehungsurlaub ist, ich kann jetzt ganz viel Süßes essen und nehme nicht zu. Negativ ist, ich bin immer müde. Schon morgens, wenn ich aus dem Bett krieche. Dass Kinder jung halten, kann ich nicht bestätigen. Mein Mann hat mich neulich so komisch angeschaut, dass ich unruhig wurde. Ich: „Was ist?" Er: „Du hast Falten um die Augen gekriegt. Aber die gehen mit den beiden eh nicht mehr weg." Das ist deprimierend, aber ich werde es verkraften.

Dieser „Erziehungsurlaub" ist trotz der widrigen Umstände der schönste Urlaub, den ich je hatte.

14. Erst mal kosten 💬

Kinder sind ein Rätsel für sich. Ich werde aus ihnen nicht schlau. Nehmen wir als Beispiel die Babys. Sie stecken alles in den Mund, weil sie auf diese Art die Welt entdecken. So weit klar, wenn auch nicht unbedingt nachvollziehbar für Erwachsene. Diese Phase macht Baby Jette gerade durch, die jetzt fünf Monate alt ist. Jette nimmt nicht nur alles in den Mund, sondern sie kaut auf allem herum, was ihr in die Hände kommt. Und wenn ihr nichts in die Hände kommt, kaut sie eben auf ihren Fingern herum.

Im Moment ist ihr Drang, alles in den Mund zu stecken, noch unproblematisch. Sie ist ja aufgrund ihres Alters noch ortsgebunden und kann nur das kosten, was man in ihre Reichweite legt. Ich bekomme aber Herzrasen, wenn ich daran denke, was bald auf uns zukommt. Schließlich ist die Krabbel- und In-den-Mund-steck-Phase von Marius noch nicht lange her. Kaum konnte er sich vom Fleck bewegen, war nichts mehr vor ihm und seinem Mund sicher. Steine, Blumenerde, Putzlappen, Bücher.

Bitte jetzt nicht denken, dass bei uns daheim alles herumliegt. Aber so ein Krabbelkäfer ergrabscht sich alles, wenn er möchte. Streng genommen ist die Phase bei Marius immer noch nicht abgeschlossen. Am liebsten läuft er mit dem Signal seiner Holzeisenbahn im Mund herum. Ich hoffe, dass das aus psychologischer Sicht nicht so zu deuten ist, dass er einmal Raucher wird. Marius hat neulich entdeckt, dass sein Gesicht noch mehr Löcher hat als nur den Mund. Beim Abendessen schob er seine Spaghetti nicht in den Mund, sondern er fädelte sie heimlich in die Nase. Am nächsten Morgen lagen auf seinem Kopfkissen zwei ausgetrocknete Nudelstücke. Auch mit Blütenknospen von Zimmerpflanzen hat er schon experimentiert. Da meine Proteste wie immer nur bedingt helfen, habe ich mir für alle Fälle die Telefonnummern verschiedener Hals-Nasen-Ohren-Ärzte zurechtgelegt.

Locker bleiben, wenn der Knirps Dinge in den Mund nimmt, die nun wirklich nicht zum Essen gedacht sind. Er ist deswegen weder verhaltensauffällig noch überdurchschnittlich intelligent. Kinder entdecken ihre Welt, indem sie von ihr kosten. Für das kleine Immunsystem muss das nicht mal schlecht sein.

15. Von wem sind die Augen?

Ja, wem sehen sie denn nun ähnlich? Mama? Papa? Oder doch eher Opa Siggi? Ich bin überfordert, wenn mich jemand danach fragt. „Aber du musst doch wissen, wem deine Kinder ähneln. Vergleich doch mal mit euren eigenen Kinderfotos", hat jetzt wieder eine Freundin gebohrt. Sie hat die Theorie, dass Jette ihrem Vater ähnelt und Marius manchmal mir und manchmal meinem Mann. „Hm", antwortete ich. Das sage ich immer. Auch wenn jemand genau das Gegenteil behauptet. Mit „Hm" kann man solche Diskussionen ziemlich gut abwürgen. Ich persönlich halte die Frage für überflüssig, wer nach wem kommt. Es beharrt ja doch jeder auf seiner eigenen Meinung dazu. Mein Mann findet zum Beispiel, dass Marius genauso aussieht wie er selbst als Zweijähriger. Seine Mutter legt sich da nicht fest, weil das schon lange her ist. Außerdem will sie mich nicht kränken. Denn ich finde wiederum, er sieht aus wie ich als Zweijährige. Meine Mutter erkennt sich selbst in unserem Sohn. „Du bist wie ich als Kind", hat sie neulich zu Marius gesagt. Da war er gerade beim Herumklettern vom Stuhl gefallen und kurz danach über seine Legosteine-Kiste gestolpert.

Baby Jette wird von diesen Vergleichen meistens noch verschont. Über sie sagt man nur, sie sieht aus wie ihr Bruder. Oder sie sieht definitiv nicht aus wie ihr Bruder. Wem ein Kind ähnlich ist, darüber können sich die Verwandten gut und gern ein Kaffeekränzchen lang streiten. Und das in regelmäßigen Abständen immer wieder. Ich habe das Gefühl, meine Kinder sehen jeden Tag anders aus.

Am Freitagmorgen saß mein Mann zum Beispiel mit Marius auf dem Sofa. Marius trank Milch, mein Mann Cappuccino. Eine Weile schaute ich ihnen zu. Es war einer dieser Momente, die viel zu schnell vorbei sind. Als ich sie im Profil sah, fiel mir auf, dass beide die gleiche Nase haben. Die Augen hat Marius definitiv von mir. Aber woher kommt die blaue Farbe? Meine sind grün, die meines Mannes braun. Wahrscheinlich hat Marius die Augenfarbe von Opa Siggi. Oder von Opa Roland?

16. Bitte in 18 Jahren nochmal anrufen 💬

An alle, die ich nicht anrufe oder am Telefon abwimmel: Es tut mir Leid, und das meine ich ernst. Aber wenn ein Kleinkind durchs Zimmer hüpft und ein Baby schreit, fällt es mir schwer, mich aufs Telefonieren zu konzentrieren. Meine Augen sind immer bei den Kindern: Bitte nicht randalieren oder verletzen, während ich außer Gefecht gesetzt bin! Und bitte auch nicht alle Spielzeugkisten auskippen, das ist unfair. Es geht nicht nur mir so. Das ist zwar nur ein kleiner Trost, aber besser als nichts.

In meinem Leben ohne Kinder hielten mich befreundete Eltern auch kurz am Hörer. Zum Beispiel Heiko, Vater zweier Söhne. Mehr als ja oder nein brachte er so gut wie nie raus. Und was macht man da? Ruft noch ein paar Mal an und zeigt guten Willen, bis man aufgibt und auf einen Rückruf wartet – manchmal sehr, sehr lange. Ich glaubte lange Zeit, Heiko hätte etwas gegen das Telefonieren oder er möchte nicht mit mir sprechen. Heute muss ich sagen, Heiko war im Vergleich zu mir eine Plaudertasche am Telefon.

Seltsamerweise haben meine Bekannten das Talent, in unpassenden Momenten anzurufen. Sie erwischen mich beim Putzen, beim Abendessen, beim Jette-Wickeln oder wenn ich Marius zum Zähneputzen einfange. Mit Kindern besteht der Tag aus vielen solchen Momenten. Selbst abends kurz nach neun, wenn die Zwerge schlafen, die Wäsche gebügelt ist, die Essensreste vom Boden gewischt und Spielsachen aufgeräumt sind – für ein längeres Telefonat reicht's nicht. Eltern von Kleinkindern dösen dann lieber müde vorm Fernseher: Janet anrufen? Wollte ich schon lange. Verschiebe es vielleicht doch auf morgen.

Ich wollte Power-Mutter werden und nach dem Kinderdienst mit Freunden weiter regelmäßig durch Kneipen ziehen. Doch dafür fehlt meistens genau das – diese Power, die Kraft. Das Seltsame ist, ich vermisse nichts. Nur wenn ich an die Freunde denke, kommt das schlechte Gewissen. Aber gute Freundschaften verkraften solche Phasen: Heiko und Nicole besuchen uns wieder öfter zum Pizza-Abend. Sie müssen nicht mehr den halben Hausrat packen, wenn sie wegfahren – ihre Söhne packen ihre Gameboys für langweilige Ausflüge selbst ein.

17. Die Null-Diät und ihre Folgen

Ich mache mir Sorgen, wenn ich meine Familie so beim Essen beobachte. Kann ich nicht kochen? Sollte ich uns „Essen auf Rädern" bestellen oder, noch schlimmer, Fertiggerichte kaufen? Tatsache ist, mein Sohn Marius neigt zur Null-Diät. Prinzipiell hat er nichts gegen Essen. Er guckt sich gerne an, was auf seinem Teller liegt. Mit Schnittchen lässt sich zum Beispiel prima Auto spielen. Sie fahren von einem Tellerrand zum nächsten und manchmal auch darüber hinaus. „Essen ist kein Spielzeug. Ich nehme sie dir gleich weg", drohe ich dann, und Marius schaut mich wenigstens mal kurz an. Wenn ich dann seinen Teller wegziehe, wimmert er. Was soll man da noch machen? Der ist doch so dünn, der kleine Kerl, sagt Oma Gis immer. Dass er uns nicht verhungert.

Vor ein paar Tagen aß er nicht mal mehr seine Rigatoni, diese kurzen Röhrennudeln. Er steckte sich eine Nudel auf den Zeigefinger, spielte damit Kasperle und fragte mich: „Wolln wir wat anders dochen?" Ich zeigte mich kooperativ:

„Grießbrei?"

Er: „Nein."

Ich: „Leberwurstschnitte?"

Er: „Oh nein."

Ratlos drohte ich ihm mit vorzeitigem Ins-Bett-Gehen, wenn er seine Nudeln nicht isst. Doch da war Marius schon vom Stuhl geflohen und hüpfte vergnügt durchs Zimmer.

Das Zauberwort heißt Konsequenz, das habe ich in gut zwei Jahren Mutterschaft gelernt: Marius schrie erbärmlich aus seinem vergitterten Bett-Gefängnis. So schlimm, dass mein Mann ihn befreite. Er setzte sich mit dem armen, winselnden Kerlchen aufs Sofa und fütterte es vor dem Fernseher. Und weil Marius etwa 30 Sekunden so in seinem weichen, frisch bezogenen Himmelbett mit trittfestem Matrazenrand leiden musste, durfte er dank moderner Technik mindestens 30-mal das Sandmann-Lied anhören. Danach hatte er seine Rigatoni aufgegessen.

Soviel zum Thema Konsequenz. Zumindest ist es immer einer von uns, allerdings oft im Wechsel. Konsequenz heißt das Zauberwort, das jegliche Ruhe in Luft auflösen kann. Und Ruhe ist ja auch ganz nett. Außerdem: Wer will schon so garstig sein und sich mit einem unschuldigen, göttlichen Zweijährigen anlegen?

Beruhigend für mich ist, dass mein Essen doch nicht so schlecht sein kann. Der Teller war immerhin leer am Ende. Und ich schwöre, zum hundertsten Mal: Beim nächsten Mal werde ich Mister Null-Diät nicht betteln, endlich zu essen. Gesunde Kinder verhungern nicht.

18. Schnuller deluxe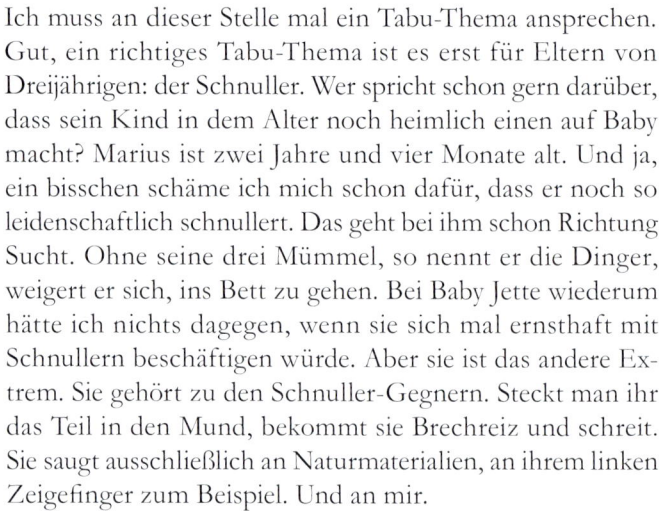

Ich muss an dieser Stelle mal ein Tabu-Thema ansprechen. Gut, ein richtiges Tabu-Thema ist es erst für Eltern von Dreijährigen: der Schnuller. Wer spricht schon gern darüber, dass sein Kind in dem Alter noch heimlich einen auf Baby macht? Marius ist zwei Jahre und vier Monate alt. Und ja, ein bisschen schäme ich mich schon dafür, dass er noch so leidenschaftlich schnullert. Das geht bei ihm schon Richtung Sucht. Ohne seine drei Mümmel, so nennt er die Dinger, weigert er sich, ins Bett zu gehen. Bei Baby Jette wiederum hätte ich nichts dagegen, wenn sie sich mal ernsthaft mit Schnullern beschäftigen würde. Aber sie ist das andere Extrem. Sie gehört zu den Schnuller-Gegnern. Steckt man ihr das Teil in den Mund, bekommt sie Brechreiz und schreit. Sie saugt ausschließlich an Naturmaterialien, an ihrem linken Zeigefinger zum Beispiel. Und an mir.

Unsere Kinder sollen jetzt tauschen. Wir wollen Marius das Schnullern ab- und Jette angewöhnen. Nur wie? Ein Kind schaffte es vor ein paar Jahren mit seinem Schnulli bis in die bunten Nachrichten. Die Mutter nahm den Jungen mit aufs Polizeirevier, auf dem er das gute Stück für jüngere Kinder abgeben musste. So dreist wollen wir unseren Sohn nicht belügen. Welches Bild bekäme er von Polizisten? Von wegen Personalabbau und keine Zeit, wenn sie sich mit so banalen Dingen wie Schnullern abgeben können! Wir wollen sein kleines Weltbild nicht ins Wanken bringen.

Mit Sachlichkeit, nämlich dass man vom Nucki Zahnfehlstellungen kriegt, kommt man bei Kleinkindern aber auch nicht weit. Bei uns soll deshalb der Osterhase herhalten. Da man ihn auch als Mümmelmann bezeichnet und Marius „Mümmel" statt „Schnuller" sagt, liegt das sogar nahe.

Problem Nummer zwei: Wie macht man einem Baby den Schnuller schmackhaft? Die Teile heißen „Beruhigungssauger", weil sie Babys zum Schlafen bringen. Nur bei unserem schaffen sie das nicht. Ich habe Jette jetzt den Mercedes unter den Schnullern gekauft. Laut Verpackung garantiert er „maximale Bewegungsfreiheit für die Zunge" und „maximale Weichheit durch integrierte Softkanäle entlang des Lutschteils". Nur Superlative, das kann nicht schlecht sein. Außerdem ist er naturgeformt und der Mutterbrust nachempfunden. Jette lässt das alles kalt. Ihr Bruder hingegen ist hin und weg davon. Ist halt ein kleiner Mann.

19. Das F-Wort 💬

Wochenlang habe ich nicht daran gedacht. Bügelte tapfer vor mich hin, wischte, kochte und schrieb zwischendurch diese Texte hier. Ich fühlte mich ziemlich wohl in meiner Rolle. Ab und zu saß ich einfach nur vor Jette auf der Krabbeldecke und schaute mit meiner Tochter zusammen Rasseln an. Es gibt sehr interessante Modelle heute. Die Zeiten, in denen nur Kugeln klapperten, haben wir hinter uns. Rasseln sind ein beliebter Wirtschaftszweig geworden. Schmetterlinge, Bären, Autos, Püppchen – es gibt nichts, was nicht rasselt. Doch dann passierte es, ich hatte eben noch zufrieden herumgerasselt. Meine Freundin Anett benutzte aus heiterem Himmel das F-Wort – FOTOALBUM. Sie klebt gerade Fotos ins Album ihres Sohnes, verkündete sie am Telefon. Als ob das nicht genug Demütigung wäre, brachte der Vater unseres Nachbarsjungen Julius noch frisch gedruckte Fotos vorbei, hübsche Bilder mit unseren Kindern in ihrer Schneehöhle. Damit hätte er sich locker ein Jahr Zeit lassen können.

Kinderfotos sind grundsätzlich immer süß. Besonders die der eigenen Kinder. Deshalb drücken motivierte Eltern lieber fünfmal auf den Auslöser, wenn sie ihren Spross ablichten. Klick, klick, klick, klick, klick. Kostet ja nichts dank der modernen Digital-Technik. Aber welches Bild gleichen Motivs ist das Schönste, um ins Album zu kommen? Kindchen sieht von allen Seiten sehr gelungen aus.

Da hat man die erste Hürde, ohne dass ein Bild im Album klebt. Dann das Ganze noch chronologisch ordnen und in Schönschrift kommentieren. Mich plagt das Problem vierfach. Ich habe zwei Kinder, und das macht als Basis zwei Alben mit Kinderfotos, die regelmäßig aktualisiert werden müssen. Hinzu kommt ein weiteres Kinder-Album für uns Eltern als Erinnerung. Das vierte Album ist das Jahresalbum mit Urlaubsbildern und Sachen, die sonst noch zwischen zwei Silvesterfeiern passieren.

Um es kurz zu machen: Ich liege mit dem Kleben reichlich ein Jahr zurück. Baby Jette existiert als Fotomodell zurzeit nur digital. Aber jetzt geht's los, ein Stapel Bilder liegt schon da. Ich möchte nicht zu denen gehören, die ihren Kindern später ein paar Datenträger mit fünf Millionen Fotos mit auf den Weg geben. Wehe, wenn die heutige Windel-Generation in zwanzig Jahren über den ganzen Aufwand lacht!

20. Vorn rein, hinten raus

Ich habe damit auf einen besonderen Tag gewartet. Auf Sonntag. Da ist die Familie komplett, und alle können zusehen, wie Jette ihren ersten Brei isst. Sie ist jetzt ein halbes Jahr alt. Zeit, sie in die kulinarische Welt der Babykost einzuführen. Videokamera und Fotoapparat lagen bereit, um das Ereignis zu dokumentieren. Während Marius und ich gespannt warteten, wie Jette reagiert, war mein Mann leidenschaftslos. Missmutig beobachtete ich seine Blicke. Ich sah Skepsis, vielleicht sogar ein bisschen Wehmut. Wie kann man an so einem großen Tag nur so gelangweilt sein?

Jettes erste Begegnung mit Nahrung jenseits der Muttermilch war Bio-Möhrenbrei aus dem Glas. Ich erwärmte eine Mini-Portion, füllte sie in die pinkfarbene Breischale, schaufelte etwas auf den Löffel und führte ihn nervös zu Jettes Mund. Jetzt bitte nicht so dumm anstellen wie mit deiner Milchflasche, liebes Babylein! Meine kleine Tochter hat leider noch nicht verstanden, wie man Flaschen-Mahlzeiten aus Silikonsaugern zu sich nimmt. Vielleicht ist das auch ein Trick und sie besteht darauf, ihren Hunger auf natürliche Art an mir zu stillen. Und was macht Jette mit den pürierten Möhren von Klaus H.? Schlürft die orangefarbene Pampe vom Löffel, als hätte sie ihr Leben lang auf diesen Moment gewartet. Jette war so begeistert, dass sie mir den Löffel aus der Hand reißen wollte. Immerhin hat sie uns ein halbes Jahr beim Essen zugeschaut und dachte wohl in ihrer Gier, das kann sie selbst. Also Arme festhalten beim Füttern. Meiner Meinung nach liegt das pädagogisch noch im Toleranzbereich.

Nun wird es unappetitlich. Das, was hinten bei Jette rauskommt, stinkt jetzt. Und was vorne bei ihr rauskommt, macht Flecken. Unsere Mutter der Nation, Ursula von der Leyen, sagte einmal, die Windeln eines gestillten Babys würden nach Bäckerei riechen. Das weckt bei frisch gebackenen Eltern falsche Erwartungen, aber solche Sprüche sind wir von Politikern gewohnt. Im Vergleich zu Brei-Windeln sind Milch-pur-Windeln trotzdem ein Genuss für die Nase. Mit dem Brei beginnt die Zeit, wo es einen beim Öffnen des Windeleimers schon mal umhauen kann.

Jettes Bäuerchen sind jetzt auch nicht mehr weiß, sondern orange und gehen ganz schwer raus. Vor allem aus weißen Wollpullis, wie mein Mann an diesem besonderen Sonntag Stunden nach der Brei-Fütterung feststellen musste. Jetzt kann ich sein Gesicht vor dem ersten Gläschen endlich deuten.

21. Umzug? Nein, nur ein Ausflug.

Ich muss häufig an früher denken. An die Zeit, als ich im Auto noch auf der Rückbank saß. Einmal im Jahr fuhren meine Eltern mit uns an die Ostsee. Ich liebte es, an Raststätten zu essen. Die vielen Laster, die fremden Menschen und das Gefühl, dass alle nur auf der Durchreise sind und sich im Leben nie wieder begegnen werden. Natürlich wusste ich damals noch nicht, weshalb ich Raststätten so spannend fand. Da war nur dieses Gefühl, das ich unbedingt haben wollte. Und deshalb quengelte ich so lange, bis mein Vater anhielt und mir eine Bockwurst kaufte. Meistens war das direkt der erste Rasthof nach der Autobahn-Auffahrt.

Heute frage ich mich, warum meine Eltern diesen Aufwand auf sich nahmen, nur um uns ein paar Tage lang zuzusehen, wie wir Löcher in den Strand graben. Wie schafften es meine Eltern, im Trabi mit drei Kindern zu verreisen? Schon ein Tagesausflug mit Kleinkindern ist eine logistische Herausforderung. Dafür reicht unser Kombi gerade so. Einfach Handtasche nehmen, ins Auto einsteigen und losfahren, das war gestern. Jede Spritztour braucht jetzt genaue Planung. Kürzlich besuchte ich gemeinsam mit Jette einen kranken Freund zum Frühstück.

An die frischen Brötchen zu denken: eine Kleinigkeit. Aber hatte ich alles für Jette in ihre Tasche gestopft? Alles heißt bei Babys und Vormittagsausflügen Feuchttücher, Windeln, Wickelunterlage, Wechselwäsche komplett, Rasseln, Lätzchen, Brei und sicherheitshalber noch den eigenen Plastiklöffel. Macht rund zwei Kilo und gutes Gedächtnistraining. „Willst du hier einziehen?" scherzte Thomas, mein kranker Freund, der außer mit mir keinen Baby-Kontakt hat. Ich beruhigte ihn: „Das ist nur Jettes Zubehör."

Ein Tagesausflug mit Kleinkindern bedeutet bei uns weitere 15 Kilo Gepäck plus Marius, der ja diesmal bei seiner Tagesmutter war. Kinderwagen, Schlafsack, Kuscheltiere, Schnuller – alles wird reingestopft in den Kombi. Marius schleppt neuerdings einen kleinen Koffer mit, wenn wir seine Großeltern besuchen. Früher machten wir zu zweit mit einem Koffer drei Wochen Urlaub, und unser Sohn packt Koffer wegen neun Stunden weg von daheim! Wie soll das werden, wenn wir demnächst nach Mallorca fliegen? Wird er eine Umzugsfirma engagieren?

Und wie schafften es meine Eltern, mit drei Kindern in einem winzigen Trabi zu verreisen? „Das frage ich mich auch", antwortet meine Mutter, als ich sie frage. Fakt ist aber, dass der arme Trabi mit seinen 26 PS für solche Ausnahmesituationen einen Anhänger ziehen musste. Und sehr wahrscheinlich ist, dass mein Vater seinen Urlaub damit verbrachte, den Anhänger erst aus- und dann wieder einzupacken.

22. Ausgelutschte Schnuller

So langsam werde ich den ganzen Osterkram in eine Kiste packen und auf den Boden schaffen. Es ist vorbei, endlich. Grundsätzlich habe ich nichts gegen Ostern – wenn der Osterhase nicht gerade unseren zweijährigen Sohn mobbt. Marius hat das härteste Osterfest seines Lebens hinter sich. Er musste seine Schnuller abgeben. Wochenlang redeten wir ihm ein, dass der Osterhase die Dinger gegen Geschenke für große Jungs tauscht. Das ist Erpressung, man kann aber auch Erziehung dazu sagen. Erziehung ist manchmal auch ein bisschen gemein. Wie jeder Entzug ist auch dieser nicht einfach. Den ersten Rückfall hatte ich: Vor dem Mittagschlaf legte Marius seine drei Schnullis schweren Herzens in sein Osterkörbchen, damit der fiese Hase sie holen kann. Als Marius im Bett lag, schrie er so sehr, dass ich ihm einen zurückgab. Ja, er tat mir Leid. Was kann mein Sohn denn dafür, dass die Industrie schon Kleinkinder süchtig macht? Zwei Tage später schenkte er seinen letzten abgelutschten Nucki seiner neugeborenen Cousine Lisette.

Seitdem ist das Thema bei uns durch. Kein Schreien, kein Wimmern. Marius hat zwar latent schlechte Laune, er ruft aber vor dem Einschlafen neuerdings nicht mehr „du böser Osterhase", und das ist ein Fortschritt. Mit dem Hasen hat er sich ausgesöhnt. Daheim schleppt er ständig den großen Holzhasen durch die Gegend, der eigentlich Oster-Deko sein soll. Dieser sperrige Hase isst mit uns am Tisch, geht mit aufs Klo und wacht nachts neben Marius' Bett.

Mein Sohn saugt nicht mehr, sondern er bläst. Der Osterhase hat ihm eine Triola geschenkt. Nun verbringt Marius viel Zeit damit, in sein erstes Blasinstrument zu pusten. Sucht folgt auf Sucht. Ich frage mich jetzt, was ist wohl das kleinere Übel: der Schnuller für die Zähne meines Sohnes oder die Triola für die Nerven seiner Verwandten?

Den Schnuller abzugeben, ist der erste große Entzug, den so ein kleines Wesen durchmacht. Sehen Sie es ihm also nach, wenn ihr Kind nicht so will wie Sie. Und bieten Sie ihm eine Alternative, damit es wieder Freude hat am Leben.

23. Babys erster Amtsbesuch

Jette musste zum ersten Mal aufs Amt. Daran ging kein Weg vorbei – trotz ihres zarten Alters von sieben Monaten. Wir möchten mit unseren Kindern in den Urlaub fliegen, und da Jette noch keinen Pass besitzt, musste sie persönlich einen beantragen. Also begleitete ich sie ins Einwohnermeldeamt, wo meine Tochter warten musste, bis ihre Nummer aufgerufen wurde.

Nun befürchte ich, es wird nichts aus meinem Wunsch, dass sich Jette in 25 Jahren eine wohl behütete, gut bezahlte und krisensichere Stelle im öffentlichen Dienst sucht.

Jettes sensible Baby-Psyche bekam zu spüren, womit sich der Dauer-Landrat aus dem Vogtland in die Nesseln gesetzt hatte: Dienst nach Vorschrift. Dem Landrat war einst die Pauschalkritik herausgerutscht, 90 Prozent der Behördenmitarbeiter schöben Dienst nach Vorschrift. Einfach so. Plötzlich war dieser Satz da, und seine Mitarbeiter runzelten kollektiv die Stirn. Hatte der Mann irgendwann ein ähnliches Erlebnis wie mein Kind?

Jettes Sachbearbeiterin war an jenem Tag jedenfalls nicht gut drauf. Sie kaute Kaugummi und schimpfte in Richtung Nachbarzimmer, während ich ungefragt, eingeschüchtert und unbeachtet die Unterlagen meiner Tochter auf den Tisch legte und es aus dem Nachbarzimmer zurück schimpfte. Ein Blick von Jettes Sachbearbeiterin reichte aus, um Baby Jette zum Weinen zu bringen: Die Frau mit dem Kaugummi wollte die Augenfarbe meiner Tochter festlegen, schaute einen Augenblick angestrengt und entschied auf grau-braun. Ein paar Tage später traf ich beim Einkaufen zufällig die Frau, die zeitgleich mit Jette im selben Raum einen Pass beantragt hatte. In der Behörde, die für uns zuständig ist, werden immer zwei Leute pro Zimmer abgearbeitet. „Was hatten Sie denn da für eine erwischt? Ihr armes Kind hat ja ganz schön geweint", sagte die Frau mitleidig. „Vermutlich Dienst nach Vorschrift", antwortete ich.

Zugute halten muss man der Sachbearbeiterin, dass Baby-Reisepässe eine schwierige Aufgabe sind. Augenfarbe, Größe – alles variable Angaben bei Säuglingen. Und beim biometrischen Foto musste sie auch ein Auge zudrücken. „So streng sehen wir das noch nicht", hatte sie gesagt, und ich war erleichtert. Von einem Baby, das noch nicht sitzen kann, ein frontales Passbild aufzunehmen, bei dem das Baby weder lacht noch weint, sondern einfach streng guckt, ist eine Wissenschaft für sich.

Vielleicht hatte unsere Sachbearbeiterin einen schlechten Tag. Leider auf Jettes Kosten. Den Pass unterschreiben durfte übrigens ich als stolze Mutter.

24. Im Land der Einzelkinder

Manchmal, wenn ich an den Gitterbettchen stehe und meinen Kindern beim Schlafen zusehe, versinke ich in Gedanken. Wie werden unsere Kinder aufwachsen? Sind sie glücklich? Und was kann ich tun, damit sie es bleiben?

Fest steht, dass sie hierzulande zu Exoten werden: Marius und Jette sind Bruder und Schwester, und sie sind Cousin und Cousine. Alles Verwandtschaftsgrade, die vom Aussterben bedroht sind. Wir leben im Land der Einzelkinder, in dem Frauen laut Statistik 1,3 Kinder gebären. Damit liegen wir im

Europavergleich weit hinten. Also: Nix mehr mit Geschwistern. Es gibt so viele Argumente, die dagegen sprechen, Kinder in die Welt zu setzen. Meine liebe Freundin zum Beispiel scheut sich davor, weil sie nicht weiß, wie Arbeit und Familie zusammenpassen sollen. Wer soll auf das Kind aufpassen, wenn das Sandmännchen läuft und sie immer noch im Büro ist? Wer soll beim Elternabend in der Klasse sitzen, wenn sie zur selben Zeit eine Besprechung hat, deren Termin sie nicht ändern kann?

Entscheidet sie sich nicht bald, wird die Natur ihr das abnehmen. Sie hat Angst, zu Recht. Seit Marius und Jette da sind, ist die Zeit meines weitgehend unbeschwerten Lebens vorbei. Früher hatte ich genug damit zu tun, mein eigenes Leben zu organisieren. Kinder bereiten Sorge, und sei es die Fürsorge. Fühlen sie sich wohl im Kindergarten oder müssen sie zu lang dort bleiben? Werden sie später Arbeit finden? Egal, was man tut, die Gedanken drehen sich immer um die Brut. Mit der Geburt eines Kindes verliert man seine Autonomie und wird fremdgesteuert. Man muss organisieren, jeden einzelnen Tag, und das, obwohl es Herausforderung genug ist, selbst so einigermaßen unbeschadet durch den Alltag zu kommen. Ein Kind macht das Leben riskanter und teurer. Ist es ein zweites Kind wert, dieses Risiko zu verdoppeln? Die Statistik sagt, dass die meisten deutschen Familien sich lieber nicht darauf einlassen.

Trotz aller Umstände: Es gibt mindestens genauso viele Gründe, die für Nachwuchs sprechen. Kurz vorm Schlafengehen noch mal an die Kinderbettchen schleichen und vorsichtig die kleinen, unverdorbenen Köpfchen streicheln, das kann süchtig machen.

25. Auf Oma Gis

Heute dreht sich alles um Oma Gis. Das ist meine Mutter, doch seit unsere Kinder da sind, heißt sie Oma Gis. Das ist einfacher auszusprechen als Gisela und klingt ziemlich witzig. Und heute wird Oma Gis 60. Ein schönes Oma-Alter, obwohl sie selbst gern jünger wäre.

Seit Marius' Geburt vor zweieinhalb Jahren ist sie meine Heldin. Allein schon wegen der Presswehen beim Kinderkriegen. Meine Mutter durchlitt sie dreimal. Und was tun wir Geschwister zum Dank? Wir machten als Kinder ihre Wohnung schmutzig, wimmelten sie als junge Erwachsene am Telefon ab und kommandieren sie heute als Babysitter-Oma herum. Sie erträgt alles mit Humor und Liebe.

Omas sind eine feine Sache. Wir sind froh, dass wir gleich zwei haben, die vom gleichen Schlag sind und im gesunden Konkurrenzkampf um die Gunst ihrer Enkel buhlen. Wenn Marius und Baby Jette wieder mal eine Nacht durchgebrüllt haben, ich müde bin und fast nur noch kriechen kann? Oma Gis steigt in den Bus, kommt vorbei und hilft. Sie geht mit den Kindern spazieren, kocht ihnen Essen und bügelt. Es passiert selten, aber manchmal haben mein Mann und ich abends etwas vor. Oma Gis und Opa Siggi setzen sich dann ohne Murren vor die Babyphone und warten auf uns. Wenn's sein muss, bis nach Mitternacht.

Omas sind Luxus mit Abstrichen. Meine Mutter braucht zur Jette-Fütterung zum Beispiel mindestens zwei Breischüsseln, eine Tasse, zwei Fläschchen und zwei bis drei Spültücher. Danach müsste Jette samt Kleidung, streng genommen, baden. Oma Gis neigt auch dazu, Windeln zu verschwenden. Baby Jette braucht nur den Mund gefährlich zu verziehen, und schon wird sie präventiv gewickelt. Aber diese Abstriche gehören dazu, weil man als Kind naturgemäß an seinen Eltern herumnörgeln muss. Egal, wie viele Häufchen Oma Gis hinterlässt: Wir haben Wasch- und Spülmaschine.

Ohne Omas wäre unser Leben mit Baby und Kleinkind noch chaotischer. Herzlichen Glückwunsch, Oma Gis! Und Gratulation an alle, die solche feinen Omas haben wie wir. Drückt sie mal wieder ordentlich, das kommt besser an als Blumen. Sollte ich auch tun.

26. Luxus im Popel-Alter

Als Mutter zweifelt man ab und zu an sich und seiner Umwelt. Ich überlege deshalb, ob mein Sohn anderen Leuten auf den Wecker geht. Unseren Nachbarn zum Beispiel. Finden sie, sie haben an manchen Tagen zu viel Marius um sich herum? Kaum schlüpft er morgens durch die Haustür, flitzt er an ihren Gartenzaun und ruft nach Julius. Der ist schon drei, wohnt gegenüber und ist sein bester Kumpel. Am liebsten würde Marius den ganzen Tag mit Julius im Dreck wühlen und nach Würmern suchen. Das geht natürlich nicht, was Marius manchmal ganz schön wütend macht.

Echte Männerfreundschaften wachsen schon im Popel-Alter. Marius und Julius sind der Beweis. Sie brauchen nicht viele Worte, um sich zu verstehen. Sie sitzen am liebsten auf dem Boden und puhlen mit Stöcken oder mit den Fingern in der Erde. Ab und zu quieken sie dabei herum. Da gibt es kein Geläster, und Gepetze gibt es nur manchmal. Sie sammeln zusammen Stöcke, graben den Sandkasten um, fahren auf Plastik-Kipplastern Steine durch die Gegend und schieben Baby Jettes Kinderwagen. Im Gegensatz zu Marius trägt Julius keine Windel mehr. Also guckt Marius begeistert zu, wenn sein Kumpel ans Gebüsch pinkelt. Manchmal gibt es auch Zoff, und das klingt so: „Das ist mein Stock!", „Nein!", „Doch!", „Nein!", „Doch!", „Mama, mein Stock!".
Neulich hat Marius ein Würstchen abgestaubt, so wie sein Vater beim Ausgehen Zigaretten schnorrt. Selbst die kleinsten

Dinge, von denen man es nicht vermutet, liegen in den Genen. Julius sollte Essen kommen. „Es gibt Würstchen", lockte seine Mutter. Marius klinkte sich ganz selbstverständlich mit ein. So selbstverständlich wie für Marius die Roster war für mich früher der Schokoladenkuchen bei Udo.

Udo und ich, das war wie Heidi und Ziegen-Peter nur ohne die Berge. Wir waren Nachbarskinder und fast jeden Tag zusammen. Wir besuchten eine Kindergarten-Gruppe und saßen später in der Schule nebeneinander in der ersten Reihe. Wir mussten nach vorn, weil ich ein sehr kleiner Abc-Schütze war. War Udo nicht da, fühlte ich mich einsam. Gleichaltrige Kinder in der Nachbarschaft waren damals normal, heute sind sie Luxus. Ich habe mir jetzt ein Herz gefasst und Julius' Vater gefragt, ob ihn unser Sohn manchmal nervt, wenn er so an seinem Gartenzaun herumlungert. „Nee, wieso? Nervt euch unserer?" antwortete er. „Nee, wieso?" fragte ich. Wer stört sich schon an Luxus?

27. Alles gaga

Manchmal möchte ich mir lieber nicht zuhören. Morgens zum Beispiel, wenn ich meinen Sohn aus dem Bett hebe und ihn frage: „Guten Morgen, hat der Marius ausgeschlafen?" Mittags auch nicht. Da sage ich zu meiner Tochter Sätze wie: „Jetzt kriegt die Jette ihren Brei. Das ist mam-mam." Zum Glück sieht und hört das meistens keiner. Gut, mein Mann ist ab und zu dabei oder eine unserer Omas. Aber das ist nicht schlimm, weil denen das wahrscheinlich nicht auffällt. Die reden genauso.

Seit die Kinder da sind, geht bei uns die dritte Person um. In der Müllerschen Sprache droht nicht nur dem Genitiv der Tod, sondern auch dem Ich und dem Du. Noch vor gut zwei Jahren hatte ich mir vorgenommen, mit meinen Kindern nicht so zu sprechen wie meine Schwägerin mit ihrem Sohn. In jedem Satz hieß es „der Finn" macht dies und „die Mama" macht das. Ich biss mir auf die Lippen, um sie nicht wegen der Gaga-Sprache auszulachen. Es ist so albern, wenn man einer erwachsenen Person dabei zusieht, wie sie zum Riesen-Baby mutiert. Diese hohen Töne, dieses Grinsen.

Und jetzt? Ich bin selbst gaga, ganz automatisch, und ich kann nicht anders. Sind die Hormone schuld? Fehlt mir der Umgang mit Erwachsenen?

Zum Glück macht sich die dritte Person in allen Familien mit Kleinkindern breit. Jedenfalls in allen, die ich kenne. Inoffiziell führe ich formlose Studien durch, von denen ich bisher niemandem verraten habe. Aber das beruhigt mich, weil ich dadurch weiß, dass wir wenigstens keine Außenseiter sind. Die dritte Person hat sogar einen Sinn. Sie soll Kindern helfen, sich des eigenen Ichs bewusst zu werden. Eine Eselsbrücke für die Entwicklung ihrer Identität. Wie soll man so einem unbedarften Baby anders klar machen, was „ich" und „du" und „Jette" bedeutet?

Bei Marius könnte ich aufhören damit – ist aber schwer. Das Ganze droht peinlich zu werden. Ich reiße mich zusammen und rede in der Öffentlichkeit normal mit meinem Sohn. Das klappt oft, aber nicht immer. Jetzt sehe ich schon das Ende der Elternzeit und diesen Auftritt auf Arbeit vor meinem Redaktionsleiter: Was soll die Manu heute für den Rainer schreiben?

28. Die Norm

Baby Jette feiert gerade ein kleines Jubiläum. Sie ist exakt so lange auf der Welt, wie sie im Bauch war: neun Monate. Höchste Zeit, eine Zwischenbilanz über ihre Babymonate zu ziehen. Grundsätzlich ist meine Tochter das hübscheste Baby der Welt. Sie hat zwar den gleichen Kugelbauch wie Opa Roland, Speckfalten an den Schenkeln und nur einen Hauch von Haar auf dem Köpfchen, aber das schadet ihrer Schönheit nicht.

So viel zu den Oberflächlichkeiten. Ansonsten muss ich zugeben, dass Jette eher der bequeme Typ ist. Der blanke Gegensatz zu Bruder Marius. Jette sitzt am liebsten in ihrer Babyschale und guckt, was so passiert. Ein angeborenes Hobby, das sie immer mehr verfeinert. Von der Beschreibung, die mein Baby-Ratgeberbuch Monat für Monat für Jette liefert, weicht sie zunehmend ab. Demnach müsste Jette nun krabbeln. Tut sie aber nicht, obwohl ich es ihr schon mehrfach gezeigt habe. Stattdessen robbt sie rückwärts oder rollt wie eine kleine Walze durch die Gegend. Bevorzugt kugelt sie sich vor den Fernseher, um dort liegen zu bleiben und wieder ein bisschen zu gucken. Wenn Jette etwas nicht passt, winselt sie und ruft „mäh", „Mama" oder „Papa". „Mäh" bedeutet, sie ist müde. „Mama" und „Papa" bedeutet, Baby Jette möchte unterhalten werden. Oder sie hat ihr Spielzeug weggeschmissen und kommt mangels feinmotorischer Fähigkeiten nicht ran. Denn wenn sie Walze spielt, landet sie manchmal auch dort, wo sie eigentlich gar nicht hin möchte.

Jette macht auch Sachen, die sich nicht gehören. An Haaren ziehen und auf feine Blusen von Tanten sabbern zum Beispiel. Neulich hat sie ihre Stoffpuppe Dolly vollgepinkelt, weil Dolly gerade ungünstig lag und Jette keine Windel dran hatte. Am ärgerlichsten sind aber ihre Schlafgewohnheiten. Während sie tagsüber jede Gelegenheit für ein Nickerchen nutzt, schreit sie mich nachts mindestens dreimal zum Rapport an ihr Bett.

„Ihr Kind wird nachts vielleicht durchschlafen", orakelt mein Ratgeber über neun Monate alte Babys. So viel zur Theorie. Zusammengefasst lässt sich als Zwischenbilanz sagen, Jette bedient alle weiblichen Klischees: Sie plappert den ganzen Tag, jammert, wenn ihr etwas nicht passt und raubt denen, die sie lieben, den Schlaf.

29. Der dicke Finger

Kann man Eheringe eigentlich dehnen? Mein Mann jammert, weil ihm sein Ring zu eng geworden ist. Er bekommt ihn kaum noch über den Finger. Noch ein paar Portionen Spinat mit Kartoffelbrei und Würstchen, dann sitzt der Ring fest. Um keine Gerüchte herauf zu beschwören: Er will den Ring nicht in der Hosentasche verschwinden lassen, sondern er muss ihn bei der Arbeit abziehen. Er ist eigentlich auch nicht dicker als auf unseren Hochzeitsfotos. Fakt ist aber, dass er am Ringfinger zugenommen hat.

Wir sind nicht übergewichtig, gehören aber zur Risikogruppe. Denn Kinder machen dick. Früher aßen wir, wenn uns danach war. Meistens hatten wir keine Lust dazu und aßen sehr große Portionen, wenn wir einmal dabei waren. Mit zwei Mahlzeiten kamen wir über den Tag. Weil das aber ungesund ist und wir unseren Kindern nichts Schlechtes vorleben wollen, hat sich das verdoppelt. Ständig tafeln wir irgendwas auf, damit Marius regelmäßig isst. Und wir als Vorbilder mit. Dummerweise geht das meistens schief: Marius tanzt um den Tisch und betont bei zwei von vier Mahlzeiten, dass er keinen Hunger hat. Und nun? Zwang bringt nichts, weil Essen Spaß machen soll. Wir können nicht mehr tun, als selbst zu essen, um ihm Appetit zu machen.

Werden wir jetzt dick von Sachen, die uns als effektive Genuss-Esser nicht mal vom Hocker hauen? Werden wir von Spinat mit Würstchen und Kartoffelbrei zu Klopsen? Mein Mann würde gerne mal wieder Rumpsteak auf Rucola und Oliven essen, dazu frisches Ciabatta und guten Rotwein. Das mach ich aber nicht, weil das nicht kleinkind-kompatibel ist. Jetzt haben ihm Eierkuchen und Fischstäbchen einen dicken Ringfinger beschert. Alle anderen Sachen passen noch. Selbst am Indikator Hose konnte ich noch keine Verformungen feststellen. Vermutlich dank Personal-Trainer Marius Müller, der uns von morgens bis abends durch die Gegend scheucht. In die Nachtschicht teilt er sich mit Co-Trainerin Jette. Während andere schlafen, setzt sie mindestens drei Übungseinheiten durch. Vor ein paar Tagen war ich bei einer Goldschmiedin. Natürlich kann man Ringe dehnen, sagte sie. Sonst müssten sehr viele Paare ständig neue kaufen.

30. Die Sache mit den Riesen-Windeln 💬

Ich musste es wieder tun. Ich schlich durch den Supermarkt und steuerte meinen Einkaufswagen in Richtung Baby-Abteilung. Vergewisserte mich unauffällig, dass ich allein war. Noch ein Handgriff, dann waren sie unten im Wagen versteckt: die Windeln. Ich meine nicht die kleinen für Baby Jette, sondern die für Marius, meinen zweieinhalbjährigen Sohn. Wenn ich für ihn Windeln kaufe, muss ich mir aufgrund ihrer gigantischen Größe die Frage gefallen lassen, ob die Windeln fürs Kind oder für mich selbst sind.

Marius ist jedenfalls noch nicht „trocken“. Das Wort hat mehrere Bedeutungen. Eine bezieht sich auf Alkoholiker, die unkontrolliert zu viel in sich hineinlaufen lassen. Eine andere Bedeutung betrifft kleine Kinder, die unkontrolliert auslaufen. Marius findet es nicht schlimm, dass er nicht trocken ist. Warum sollte er? Eine vollgepinkelte Markenwindel gibt ihm das Gefühl, frisch gewickelt zu sein. Nur, dass das Gewicht ein bisschen nach unten zieht. Ich gebe zu, ich bin nicht besonders Stolz auf das kleine Geheimnis meines Sohnes. Für unsere Omas geht das schon Richtung Katastrophe. „Alles kannst du, nur nicht aufs Klo gehen", jammerte Oma Karla neulich, als Marius ein Buch mit ihr anguckte und das Wort „Tiere" buchstabierte.

„Ihr Kinder ward alle mit einem Jahr trocken", maßregelte mich Oma Gis, also meine Mutter, ein paar Tage später. „Das war auch keine Kunst", verteidigte ich meinen Sohn, „du hättest uns das Töpfchen ja am liebsten umgebunden. Hast du es uns umgebunden?"

Und dann kam Tag X. Ich rührte in der Nudelsoße fürs Abendessen, Marius baute eine Art Hindernisparcours aus Spielzeugautos um mich auf, Jette popelte in ihrer Lieblingsecke an der Tapete. In dieser Vorabendidylle fiel der legendäre Satz: „Mama, snell A-A!" Marius genoss den feierlichen Augenblick so sehr, dass er sich Zeit ließ beim Stuhlgang.

Wir stiegen an diesem Abend kurzfristig auf Schnittchen um. Der Soßentopf liegt im Müll. Egal. Da Marius nur noch nachts Windeln braucht, werden wir sehr viel Geld sparen und uns viele neue Töpfe leisten können. „Wir sollten ihn dafür belohnen", schlug mein Mann vor. In unserer Nachbarschaft parkt ein Wohnmobil, und Marius durfte es besichtigen. „Du darfst dir etwas wünschen, weil du so fein lull-lull machst", sagte ich am Tag nach Tag X zu ihm.

Und er: „Ein Wohnmobil will ish."

31. Alles blau 💬

Marius macht blau. Am liebsten wäre er ein Schlumpf. Denn die sind blau, und blau ist bei ihm der letzte Schrei. Alles, was blau ist, findet mein Sohn gut. Er will nur noch mit unserem blauen Auto fahren, „nish mit dem swartsen", will sämtlichen Müll in die blaue Altpapier-Tonne werfen, und morgens schaut er aus dem Fenster, ob der Himmel blau ist. Wenn ja, ist alles in Ordnung, wenn nicht, bittet er mich, ihn blau zu machen. Der Blau-Fimmel läuft langsam aus dem Ruder. Marius trägt fast nur noch blaue Kleidung. Hosen, Schuhe, Shirts, Socken, Unterwäsche – alles blau! Gut, rosa wäre schlimmer bei einem kleinen Jungen. Blau gibt der Kleiderschrank her. Marius isst nur noch von blauen Tellern, was sich auch irgendwie einrichten lässt. Im Supermarkt kaufte ich ihm einen Lutscher, der in blaues Papier gewickelt war. Als ich ihn auspackte, weinte er – der Lutscher war weiß mit braun.

Noch dramatischer war seine Enttäuschung im Urlaub auf dem Flughafen. Marius schluchzte, weil er in den roten und nicht in den blauen Flieger steigen sollte. Nur mit einer Lüge konnten wir ihn davon abhalten, nach Russland zu fliegen: Wir erzählten, unser rotes Flugzeug färbt sich in der Luft himmelblau.

Vor ein paar Tagen streichelte Marius eine Katze. „Möchtest du auch mal eine Katze?" fragte ich. Er: „Ja, eine blaue will ish!" Da wechselte ich das Thema.

Neulich besuchte ich mit Marius und Baby Jette meine Freundin Stephanie und ihre Tochter Sindy. Die Kinder buddelten zufrieden im Sand, und während wir Kaffee tranken, wanderte mein Blick auf Stephanies Wäscheleine. „Warum hast du denn so viele roten Sachen gewaschen?" fragte ich. „Ach, Sindy trägt nur noch rot."

32. Ungepflegt und angesabbert

Manche Mütter sehen echt schlimm aus. Vorhin habe ich wieder so eine gesehen. Diese fettigen Haare, dieses Brei besabberte T-Shirt, und dann dieses müde Gesicht, das nach Schminke schreit. Grausam. Ein bisschen Selbstdisziplin sollte man sich schon erhalten, wenigstens aus Rücksicht vor seinen Mitmenschen. Das Dumme an der ganzen Sache: Ich stand in diesem Augenblick vorm Spiegel. Die fettigen Haare und das müde Gesicht gehörten zu mir. Also bitte schauen Sie Menschen wie mich nicht schief an. Wir wissen sehr wohl, dass wir mehr aus unserem Typ machen sollten. Aber das ist gar nicht so einfach. Ich versuche mal zu erklären, warum Mütter manchmal so aussehen, wie sie aussehen.

Früher verbrachte ich viel Zeit im Badezimmer. Ich kämmte meine Haare mit hundert Bürstenstrichen, zog mir einen Kosmetik-Ratgeberzeitungs-Lidstrich und massierte mir sonntags eine Anti-Falten-Maske ins Gesicht. Genau genommen bin ich heute auch oft im Bad. Nur eben nicht allein mit meinem Shampoo, meiner Schminke und meiner Haarbürste, sondern in Begleitung von Marius oder Jette oder von beiden. Wenn ich es geschafft habe, Marius ins Bad zu befördern, lässt er sich gerne Zeit dort. Er genießt es, die Zahncreme von der Zahnbürste zu lutschen, und findet es schön, wenn das Wasser über seine Hände plätschert. Er hält die Hände unter den Strahl und lässt es einfach laufen. Auch auf der Toilette sitzt er lieber eine Minute länger als zu kurz, zumindest abends. Baby Jette bevorzugt vorm Schlafengehen eine ausgiebige Ganzkörpermassage mit einem Hauch von Öl zur Pflege ihrer zarten Haut. Ich theoretisch auch, allerdings interessiert das leider keinen. Das alles geht von meiner Badezimmer-Zeit ab. Dieser kleine Hort der Ruhe steht unter Aufsicht meiner Vorgesetzten. Allein auf Toilette gehen? Undenkbar. Marius verfolgt mich auf seinem Bobbycar.

Allein duschen? Marius reißt die Dusche auf und steigt zu.

Also verschiebe ich solche Sachen lieber auf den späten Abend, wenn die Kinder schlafen. Haarewaschen ist mir dann aber oft zu anstrengend. Auch die dreckigen T-Shirts lassen sich erklären. Warum umziehen, wenn die Kleidung permanent dreckigen Kinderhänden ausgesetzt ist? Das hat nichts mit Resignation zu tun, sondern mit Effektivität. Wen das stört, der kann ja wegucken. Das versuche ich auch, wenn ich an solchen Tagen am Spiegel vorbeilaufe.

Auf Schritt und Tritt stapfen jetzt zwei Zwerge mit. Egal, ob's auf Toilette oder aufs Sofa geht: Kinder wollen immer genau dort sein, wo ihre Mutter ist. Man gewöhnt sich relativ schnell daran, ständig verfolgt zu werden.

33. Sand im Haar 💬

Bei uns knirschelt es in allen Zimmern. Wenn wir mit Hausschuhen über den Boden laufen, dann klingt das, als würden wir über feinen Sand laufen. Wobei – das ist jetzt falsch ausgedrückt. Wir laufen definitiv auf feinem Sand. Auf gewaschenem, pasteurisiertem Buddelkasten-Sand.

Mein Sohn Marius verbringt seine Freizeit bevorzugt im Sandkasten. Am liebsten mit seinem besten Freund Julius. Sie backen Kuchen, streiten sich um Bagger und Eimerchen und bewerfen sich auch gerne mal mit einer Handvoll Sand, wenn's sein muss. Das ist ihre Art, Auseinandersetzungen zu klären. Wer zuerst weint, hat verloren.

Julius hatte neulich eine Idee. „Marius komm, wir machen Haarfarbe", sagte er. „Oh ja, oday Julius", antwortete Marius. Obwohl ich bezweifle, dass mein Sohn weiß, was Haarfarbe ist. Sie schaufelten ihre Eimer voll und ließen sich den Sand über den Kopf rieseln. Und weil das Spiel so gut war, machen sie seitdem regelmäßig Haarfarbe. Baby Jette schaute vom Kinderwagen aus frustriert zu. Sie wimmerte so sehr, das selbst Babykekse nicht trösten konnten. Jette wollte nur eins: irgendwie raus aus dem Wagen und rein in die Buddelkiste. Das brachte in unserer Familie eine Grundsatz-Debatte ins Rollen. Ab wann gehört ein Kind auf den Spielplatz und damit auch in den Sandkasten? Muss es laufen können oder reicht sitzen? Muss es aufgehört haben, sich alles in den Mund zu stecken? Sind Sandkästen überhaupt erst für Kinder zuge-lassen, die Sand in Förmchen schaufeln und Kuchen backen können? Oma Gis sagte, Babys brauchen noch nicht im Sand zu wühlen. Mein Mann fürchtete, die Sauerei drinnen wird noch größer, wenn Jette mit ihren dauer-feuchten Händen im Sand herumwurstelt. Und ich sagte, ich möchte nicht schuld sein, wenn Jette den ganzen Nachmittag winselt. Also: Ran an den Sand! Seitdem ist Jette das glücklichste Baby der Welt. Sie grapscht aufgeregt um sich herum, schaut sich jedes Krümel genau an und schmiert die Hände anschließend an ihren mit Haarflaum bedeckten Kopf. Ich vermute mal, sie macht auch Haarfarbe.

Baby Jette im Buddelkasten – Marius ist jedes Mal dankbar für ihre Gesellschaft: Er backt Sandkuchen, sie kostet. Und ich bekomme so langsam einen Tennisarm vom Staubsaugen. Soll schließlich keiner bei uns im Wohnzimmer sein Strandlaken auspacken, weil er glaubt, er liegt am Meer.

34. Über Ausflüge und andere Missverständnisse 💬

Babys mit großen Brüdern leben gefährlich. Ganz besonders, wenn die Brüder knapp einen Meter groß sind und noch glauben, einen Ausflug zu machen, bedeutet, man fliegt mal eben irgendwo hin. Nehmen wir als Beispiel Marius und Baby Jette. Es gibt Tage, an denen ist Marius leicht reizbar. Für einen Wutausbruch reicht es dann schon, wenn die Sonne ihm dumm kommt und blendet. „Komm, wir machen einen Ausflug", versuchte ich ihn an so einem Tag aufzumuntern. „Oh ja, mit dem Hubschrauber", antwortete Marius vergnügt. Dass es nur mit Laufrad und Kinderwagen um den Block ging, trübte seine Stimmung wieder. Mürrisch ließ er sich seinen Helm aufsetzen und wartete darauf, bis ich Jette in ihren Kinderwagen gesetzt hatte. Dann rollten wir zu dritt davon, auf der Suche nach besserer Laune.

Bei mieser Laune muss neuerdings Baby Jette dran glauben. Mir war das bisher nicht so ganz klar. Während ich mich mit einem Nachbarn unterhielt und mich darüber freute, dass die Kinder so brav warteten, fütterte Marius seine Schwester heimlich mit Gartenhecke. Sie aß – denn Jette isst alles. Sie hatte Glück. Am nächsten Tag fiel das fiese Geschwister-Mobbing auf, als Jette ein beachtliches Stück Hecke unverdaut in ihre Windel presste.

Selbst im Wohnzimmer besteht hinter meinem Rücken erhöhtes Risiko für Jette. Hat Marius Lust, mit ihr zu spielen, packt er sie an den Beinen und zieht sie zu sich. Jette lässt das ohne Gegenwehr über sich ergehen. Mit Marius spielen bedeutet für sie genau genommen, ihm beim Spielen zuzuschauen. Grapscht sie nach seinen Plastiktieren, klopft Big Brother ihr auf die Hände. Noch schlimmer kommt es für sie, wenn sie sich an seinem Bobbycar vergreift. Ein Schubs, und Jette liegt schreiend auf dem Rücken. Und trotzdem: Sie liebt ihren Bruder über alles, sie kennt ja auch keine anderen Brüder. Morgens, wenn er in ihr Bett klettert und zum Kampfkuscheln ansetzt, jauchzt sie vergnügt und lässt auch das über sich ergehen.

„Du musst mit deiner Schwester teilen, sonst ist sie traurig", erklärte ich meinem Sohn in einem ruhigen Moment zum x-ten Mal. Wenig später saßen Marius und Jette im Flur, neben Marius stand eine Keksdose. Er knabberte Kekse, und Jette kaute auch. Marius schob ihr seine Krümel in den Mund.

35. Jette muss umziehen

Kurz vor sechs Uhr bin ich aufgewacht. Neben meinem Kopf ein leises Wimmern in der Morgendämmerung – oh Gott, Baby Jette! Wahrscheinlich winselte das schönste Menschlein der Welt schon Stunden durch das Babyphon, und ich Rabenmutter schnarchte einfach darüber hinweg. Getrennt von Jette durch zwei Türen und einen Gang. Und das arme Kind ist meinen Machenschaften ausgeliefert, gezwängt in einen Schlafsack und gefangen in einem vergitterten Bett. Jette ist vor ein paar Tagen rausgeflogen. So heißt das, wenn Babys vom Schlafzimmer ins Kinderzimmer abgeschoben werden. Nach einer Nacht des Dauerwimmerns hievte mein Mann das Babybett vom Schlafzimmer in die äußerste Ecke ihres Kinderzimmers. Dort muss sie nun schlafen. Dass in jedem Babybuch steht, Säuglinge sollten zum Schutz vor plötzlichem Kindstod ein Jahr lang bei den Eltern schlafen, wollte er nicht hören. Dass ich Angst hatte, die halbe Nacht zwischen zwei Zimmern zu pendeln und am Ende im Flur einzuschlafen, auch nicht. Er murmelte nur etwas von Augenringen und Arbeiten müssen. Außerdem hatten wir vor kurzem eine Mutter von drei Kleinkindern getroffen, die ihn in seinem Handeln bestärkt hatte. „Ich lege unser Baby ab nachts um drei ins Wohnzimmer in sein Laufgitter. Egal in welchem Zustand. Ein bisschen Schlaf brauche ich auch", hatte sie gesagt.

Damit war Jettes Schicksal besiegelt. Dieses kleine kahlköpfige Menschlein, das nachts drei- bis siebenmal liebkost werden will, wurde verbannt in die Einsamkeit. Marius legte seiner kleinen Schwester zum Trost einen Schnuller ins Bett, den er in Jettes Geburts-Begrüßungspaket vom Krankenhaus gefunden hatte. Ich wollte diesen blauen Werbe-Nunni eigentlich längst wegwerfen, denn Jette schnullert nicht, und Marius ist seit ein paar Monaten abstinent.

Nun stehe ich mit meiner Tochter nachts über das Babyphon im Funkkontakt. Zweimal nachts nach mütterlicher Nähe suchen genügt, hat sie kurz nach ihrer Versetzung beschlossen. Dann kam die Funkstille. Morgens kurz vor sechs rannte ich erschrocken an ihr Gitterbett. Und Jette grinste mich an. Mit Schnuller im Mund.

36. Einfach nur brechen

Ich habe mich soeben in die Spielecke der Krankenhaus-Kinderstation verzogen. Musste das Zimmer verlassen, damit mein Sohn Marius schläft und mich nicht in Gespräche verwickelt. Also Spielecke, Bausteine beiseite schieben, Buntstifte zusammenräumen und ins Becherchen stecken und Laptop als Spielzeug aufbauen. Diese Ecke gehört jetzt mir. Wer mit solchen Sachen spielt, die hier rumliegen, gehört um diese Zeit definitiv ins Bett. Wir liegen im Krankenhaus, weil es bei Marius vorn und hinten rauskommt.

Darf man das überhaupt so plump sagen? Offiziell heißt es Erbrechen und Durchfall. Das klingt gebildeter, bringt uns aber auch nicht weiter. „Ich muss brechen", wimmerte Marius in der Nacht, bevor wir ins Krankenhaus fuhren. „Er kotzt wieder, schnell ins Bad", rief mein Mann jedes Mal aufgebracht. Er wollte vermeiden, dass sein Sohn den roten Teppichboden in seinem Zimmer versaut.

Dieses vulgäre K-Wort hat sich hinter verschlossenen Türen ausgebreitet wie das Virus, das uns ins Krankenhaus gebracht hat. Aber wie drückt man sich aus, wenn man mit anderen über solche Sorgen spricht? Muss man es „Erbrechen" nennen, wenn man in idyllischen Vorstadt-Erwachsenenkreisen Brechdurchfall auswertet? Meine Nachbarin sagt „kotzelt", wenn ihr Sohn über dem Klo hängt. Auch unter den Krankenschwestern scheint sich „kotzeln" durchgesetzt zu haben. Für meinen Geschmack klingt das zu niedlich für diese unschöne Angelegenheit, also bleibe ich lieber bei „brechen".

Ich könnte auch sagen, Marius hat sich Rotaviren eingefangen. Das umschreibt das Ganze mit allem, was dazugehört. Zu Kleinkindern sind Rotaviren oft so gemein, dass die Zwerge an den Tropf müssen. Mutter und Kind werden unter Quarantäne gestellt. Bei Marius ist der Darm gereizt, bei mir sind es die Nerven. Wahrscheinlich ist das der Grund, dass an unserer Zimmertür zwei gelbe Magnetstreifen kleben: einer steht für „Vorsicht ansteckende Krankheit" und einer für „gereizte Mutter".

Hatten wir eigentlich bei unserem letzten Aufenthalt hier auch diese Magneten? Wahrscheinlich. Wir lagen schon einmal in diesem Zimmer, weil es bei Marius vorn und hinten herauskam. Damals reizten uns Noroviren.

Die Eumeln, die er jetzt hat, haben einen Vorteil: Während wir hier auf Entspannung für Darm und Seele und auf unsere Entlassung warten, vergnügt sich Baby Jette mit Oma daheim im Plantschbecken. Babys kann man impfen.

37. Immer besetzt 💬

Mein Handy macht komische Sachen. Erst wurde es bockig. Egal, welche Taste ich drückte: Es reagierte einfach nicht. Wenn es klingelte und ich rangehen wollte – nichts. Als das dann irgendwann wieder funktionierte, verstand mich beim Telefonieren keiner – Mikrofon kaputt. Jetzt wählt das Ding allein alle gespeicherten Nummern an. Schuld daran ist Jette mit ihrer Sabber. Da muss irgendein Zusatz drin sein, der Handys systematisch zerstört.

Jette liebt Telefone aller Art. Wenn sie eins sieht, geht ihr Puls auf 180. Sie wimmert und hechelt so lange, bis sie das Objekt ihrer Begierde zwischen die Finger bekommt. Dann wird gedrückt, gekostet und gesabbert, bis nichts mehr geht. Zwei Handys sind schon Opfer meiner Tochter geworden. Mein Mann versuchte vergebens, sie zu reparieren. Er putzte die Kontakte und popelte ein bisschen an ihnen herum. Natürlich wusste er nicht, dass Jette die Teile auf dem Gewissen hatte. Er glaubte an Altersschwäche. Zurzeit habe ich ein uraltes Modell in Betrieb.

Prinzipiell besitzt Baby Jette genügend Spielzeug. Rasseln, Holzautos, Wunder-Walzen, Beißringe, Kuscheltiere. Alles liebevoll ausgewählt, pädagogisch wertvoll mit Spielgut-Siegel und ohne China-Plastik, aus dem die Schadstoffe ja nur so triefen sollen. Es ist also nicht so, dass Jette aus Verzweiflung unbedingt etwas zum Spielzeug umfunktionieren müsste. Trotzdem macht ihr Herz einen Sprung, wenn sie Telefone sieht. Was findet sie so toll an den Dingern? Liegt es vielleicht an mir? Verbringe ich zu viel Elternzeit am Telefon, und meine Tochter will mich deswegen mit Sabber-Attacken abstrafen? Man muss hier in alle Richtungen denken, weil Babys ja nur Fragen aufwerfen statt sie zu beantworten.

Neulich besuchte mich mein Freund Thomas und zeigte mir mit geschwollener Brust sein neues, teures i-Phone. Während ich gleichgültig ein „Schön" murmelte, vibrierte Jette vor

Aufregung. Thomas war froh, dass wenigstens einer seine Begeisterung für das Telefon zeigte, und überließ ihr großzügig sein neues Spielzeug. Und Jette sabberte los.

Seit diesem Tag habe ich noch nicht wieder mit Thomas telefoniert. Ständig besetzt.

38. Die wundersame Wandlung eines gewöhnlichen Schranks

So. Der Tag ist gelaufen. Ist zwar schon fast zehn Uhr abends, aber immerhin. Womit belohne ich mich jetzt noch? Mit Gummibärchen? Schokolade? Bonbons? Popcorn? Oder ist mir eher nach Eis bei dieser Hitze? Ich habe freie Auswahl. Unser Süßigkeiten-Schrank quillt über, ist vollgestopft wie eine Gans in der Weihnachtszeit. Vorn liegt das, was bei unseren Kindern immer gut geht. Gummifiguren aller Art für meinen Sohn Marius und Kekse für Baby Jette. Hinten liegen die Ladenhüter: Zuckerkrams wie Kaubonbons und Bonbons. Die neuen Sachen haben die Fehlkäufe auf einen Platz verdrängt, an dem sie auf ihr Verfallsdatum warten.

Süßigkeiten-Schrank. Klingt für meinen Geschmack nach DDR. Wer muss heute noch Süßes horten, wo doch jeder Supermarkt einem Schlaraffenland für Karies gleicht? Grundsätzlich ja keiner. Aber in der DDR war das anders. Als es die noch gab und ich Kind war, sammelte ich meine Süßigkeiten bis zum Ranzigwerden im Schrank. Schokolade war teuer.

Bis vor kurzem hätte ich nie geglaubt, dass ich jemals wieder einen Süßigkeiten-Schrank haben würde. Ich kaufte meine Dosis nach Bedarf. So gut wie nie lagerte bei uns daheim Süßes. Im Supermarkt, an den Süßwarenregalen, fragte ich mich jedes Mal, wer die ganzen Sachen kaufen soll. Jetzt, zwei Kinder später, weiß ich es: Die Täter sind bevorzugt Omas und Mütter.

Kurz nach dem ersten Geburtstag eines Kindes mausert sich ein ganz gewöhnlicher, bis dahin unauffälliger Schrank automatisch zum Süßigkeitenlager. Erst schenken die Omas vorsichtig Kekse, und wenn man das als Mutter wortlos toleriert, greifen sie im Süßwarenregal immer hemmungsloser zu. Ich kaufe inzwischen selbst Süßes für Marius und Kekse für Jette. Ich kann nicht anders, obwohl unser Schrank überquillt. Es gibt noch so viel zu entdecken in der Bonbonwelt! Und was nasche ich jetzt am besten noch? Ich entscheide mich für Gummibärchen, weil die angeblich harmlos sind für die Hüften. Ein schlechtes Gewissen gegenüber meinem Sohn, weil ich ihm etwas wegnasche, habe ich nicht. Marius würde sich ohnehin viel mehr über ein Würstchen als Mitbringsel freuen. Aber leider verpacken die Fleischer nicht so schön bunt, dass Omas darauf anspringen.

39. Zahnlos 💬

Jette winselt manchmal wie ein junger Hund, der Kummer hat. „Hhmmmmh, hhmmmmh" macht sie dann. Oma Gis geht dieses Winseln besonders nahe. „Sie bekommt bestimmt einen Zahn und hat deshalb Schmerzen", prophezeit sie jedes Mal, wenn Jette ihre kläglichsten Töne anschlägt. Theoretisch liegt das nahe. Baby Jette ist elf Monate alt und hat noch immer keinen Zahn. Bruder Marius, der als Maßstab herhalten muss, bekam mit acht Monaten den ersten. Also singen wir immer: „Und der Haifisch, der hat Zähne. Und die Jette, die hat kääne." Das findet Jette sehr lustig. Das heißt, sie hat definitiv schon Baby-Humor.

Oma Gis fachsimpelt nun seit fast einem Jahr bei jedem Wimmern, Jette bekomme einen Zahn. Aber es passiert nichts in Jettes Mund. Selbst ihr Kinderarzt suchte vergeblich nach einer kleinen, weißen Spitze. „Wird wohl ein erster Geburtstag ohne Zähne werden", sagte er, als er fertig war mit seiner Routine-Untersuchung.

Warum wird immer rumgemäkelt an diesem schönen Menschlein? Kann nicht mal jemand loben, wie traumhaft ihre kastanienbraunen Haare sprießen? Selbst die kahle Stelle am Hinterkopf ist weg. Mit ihren zahnlosen Kiefern kommt Jette bestens zurecht. Sie kann sogar Milchflaschen-Sauger und Schnuller zerbeißen. Fürs Brötchenessen hat sie eine Technik entwickelt, bei der sie keine Zähne braucht. Sie zerlegt Brötchen, unabhängig vom Härtegrad, in Krümel, die sie auf den Fußboden schmeißt und am Ende aufpickt. Ihre zahnlosen Kiefer haben auch einen entscheidenden Vorteil: Jette braucht keine Zähne zu putzen.

Neulich kam zum ersten Mal die Brötchen-Frage beim Supermarkt-Bäcker: „Darf er schon Brötchen knabbern?" fragte mich die Verkäuferin. „Er ist ein Mädchen, deshalb das rosa T-Shirt. Na klar, sie liebt Brötchen", antwortete ich und hielt meinen Ärger darüber zurück, dass Jette wieder für einen Jungen gehalten wurde. Immerhin gibt es nur wenige Bäcker, die Kindern Brötchen schenken. Also: nett sein. Und Jette zog eine Brösel-Spur durch den Supermarkt, als hätte ich ihr zu oft „Hänsel und Gretel" vorgelesen.

Oma Gis hat ihre Meinung inzwischen geändert. Sie ist froh, dass ihre Enkelin noch zahnlos ist. Ihre Freude stützt sich auf einen Fernsehbericht, bei dem sie an Jette denken musste. Es ging darin um eine sehr alte Frau, die noch kein einziges Loch in ihren Zähnen hat. „Die Frau hat bestimmt auch erst spät Zähne bekommen", fachsimpelte Oma Gis.

40. Grapsch-Angriffe von unten

Gibt es eigentlich kleine Putzlappen, die man Babys an Knie und Hände machen kann? Das wäre mal eine sinnvolle Erfindung. Bitte nicht falsch verstehen. Ich möchte Baby Jette mit ihren elf Monaten auf keinen Fall mit Hausarbeit belasten. In dem Alter sollten Kinder noch nicht dafür herangezogen werden. Aber da sie sowieso auf dem Boden herumrutscht, könnte man das nutzen. Die Sabber- und Breiflecken überall gehen auf ihr Konto, also darf ich diesen Gedanken mal ansprechen.

Jette wäre sehr gut geeignet für die Raumpflege. Kaum steht eine Tür offen, rutscht sie auf allen Vieren durch und macht dort den Boden sauber. Und hinter ihr rutscht als Nachhut Bruder Marius. Er liebt es, Baby Jette alles nachzuäffen. Erst robbten sie wie junge Bundeswehr-Rekruten, jetzt krabbeln sie. Ein Schild „Achtung Krabbelgebiet" an unserer Haustür wäre nicht schlecht, zur Sicherheit, damit niemand stolpert. Leider habe ich das bisher noch nirgendwo gefunden, genauso wie die Baby-Putzlappen. Ein deutliches Zeichen, dass es in Deutschland zu wenig Kinder gibt.

Jedenfalls ist nichts und niemand sicher vor unserem Vierfüßler-Duo. Es treibt sich in Ecken rum, in denen man es am wenigsten vermutet. Kürzlich raschelte es ganz hinten im Wohnzimmer. Ich folgte dem Geräusch und fand Marius und Jette, wie sie hinterm Sofa mit Muscheln an einer großen, weißen Kerze kratzten. Also musste ich ein neues Versteck suchen für meine Kerze, die auf einem Teller mit Muscheln steht und eigentlich ein bisschen Urlaubsstimmung ins Wohnzimmer tragen soll. Aber solche Schmuckgegenstände sind für Baby-Haushalte so ungeeignet wie auf dem Boden stehende Zimmerpflanzen. Auch bei denen treibt sich Jette gerne herum und nutzt die Kübel als Sandkasten. Baby Jette braucht keine Förmchen und Schaufeln, um zu buddeln. Am tückischsten sind die Grapsch-Angriffe von unten: Ich stehe in der Küche und schmiere Brote fürs Abendessen, und schon klettert an jedem Bein ein Kind. Jette krallt sich in den Hosenstoff und zieht sich in den Stand. Auf der anderen Seite hangelt sich Marius nach oben. Ein Gürtel macht sich in solchen Situationen ganz gut. Trotzdem geht es mir immer noch besser als unserem Meerschweinchen Hugo. Er bangt um sein Leben, wenn das Duo auf seinen Käfig zusteuert und zum Schmusen ansetzt.

41. Mutti 💬

Wahrscheinlich denken Sie in zweieinhalb Minuten, ich bin komisch. Schlimmstenfalls legen Sie das Buch weg und schreiben mir einen bösen Brief. Das haben schon Menschen vor Ihnen getan, als diese Geschichte in der Zeitung stand. Trotzdem habe ich mich entschlossen, sie in diesem Buch mit aufzunehmen. Sie gehört dazu. Und wenn Sie das gelesen haben und danach nur denken, ich sei komisch, kann ich damit leben. Wahrscheinlich stimmt es sogar ein bisschen.

Zumindest ist es immer noch besser, als wenn Sie mich „Mutti" nennen. Mein Sohn Marius hat jetzt dieses Wort benutzt – Mutti. Er hat mich Mutti genannt. Nicht Mama oder Mami, wie er es sonst immer tut. „Sag bitte Mama und nicht Mutti, mein kleiner Zwinsch", bat ich ihn. „M-U-T-T-I", antwortete Marius und lachte.

Es ist nicht so, dass ich etwas gegen Muttis habe. Aber jede Generation hat nun mal ihre Begriffe. Und das Wort Mutti bezeichnet die Generation meiner Mutter. Also ist es für mich selbstverständlich, dass ich zu Oma Gis „Mutti" sage. Aber Mutti klingt so nach Mutti. Nach Haushaltstipps, nach Hausmannskost und Sonntagsbraten. Und das hat alles nichts mit mir zu tun. Egal, ob das nun gut ist oder schlecht oder nichts von beidem. Das sind Tatsachen. Bei mir gibt's Fleckensalz statt Haushaltstipps, Nudeln statt Hausmannskost und Sonntags frischen Fisch statt Rouladen und Klöße.

Ich hab mal im Internet-Duden geschaut, was dort über Mutti steht. Diese Duden-Leute haben mich auch nicht aufgebaut, im Gegenteil. Als „mütterlich, hausfraulich wirkende Ehefrau" wird Mutti dort bezeichnet - und scherzhaft als Umschreibung für alte Dame. Vielen Dank, lieber Konrad! Ganz aus der Luft gegriffen ist das allerdings nicht. Im Supermarkt treffe ich regelmäßig Rentnerpärchen, die sich mit „Mutti" und „Vati" ansprechen.

„Möchtest du, dass deine Tochter dich Mutti nennt?" fragte

ich meine Freundin Stefanie beim Kaffeekränzchen. „Nee, furchtbar", platzte es aus ihr heraus, „Sindys Erzieherinnen im Kindergarten sagen auch manchmal Mutti."

Eine Staatsanwältin, die ich jetzt kennengelernt habe, ignoriert Mutti-Rufe sogar: „Ich reagiere nicht, wenn meine Kinder Mutti rufen. Es gibt nichts, was noch ostdeutscher ist als Mutti." Ich bin also nicht allein und habe Rechtsbeistand. Ein beruhigendes Gefühl, auch für mich als Ossi. Das nützt mir aber nichts, wenn alle anderen meinen Kindern einschärfen, ich heiße Mutti und nicht Mama.

Marius hat „Mutti" bisher nur dieses eine Mal getestet. Wollte wahrscheinlich wissen, wie ich reagiere. Jetzt nennt er mich wieder liebevoll Mama. Braves Kind. „Möchtest du kneten, mein kleiner Zwinsch?" fragte ich nach dem Mutti-Ausrutscher. „Ich bin kein Zwinsch", schimpfte Marius. Ich sollte auch seinen Kosenamen-Geschmack respektieren. Sonst kommt er mir irgendwann wieder mit Mutti.

42. Ein Jahr Baby Jette 💬

Baby Jette wird ein Jahr alt. Heute exakt um 15.08 Uhr. Vorausgesetzt, die Uhr meiner Hebamme ging genau. Wenn ich zurückdenke, war dieses Jahr wie eine kurze Episode in meinem Leben. Ich schlage morgens die Augen auf und peng: Jette, die eben noch ein Baby war und nichts anderes konnte als strampeln und wimmern, feiert ihren ersten Geburtstag. Dieses putzige, wunderschöne Menschlein hat nur eine Episode lang gebraucht, um sich wie selbstverständlich in unseren Alltag einzufügen. Oder besser gesagt, es hat uns in seinen Alltag eingefügt.

Seit einem Jahr werden mein Mann und ich nun von einer Doppelspitze geführt. Zwei Chefs müssen nicht immer gut sein. In unserem Fall harmonieren sie in den wichtigsten

Fragen des Führungsstils. Marius arbeitet seine Komplizin allerdings noch ein.

Jette kam am Sonntag der Landtagswahl zur Welt. Nach der fünften ernst zu nehmenden Wehe alarmierten wir die Großeltern, die auf unseren Sohn aufpassen sollten. Und bevor ich Jette raus ließ, setzte ich meine Kreuze für mein Land. Es ist nicht so, dass eine Geburt Spaß macht. Aber Jette ging relativ einfach raus. Drei Presswehen, und sie war da. Ich hatte nicht einmal Zeit, eine Beziehung zu meiner Hebamme aufzubauen. Auf dem Geburtskärtchen hat sie mit „Angela" unterschrieben.

„Na, sehen Sie. Was rein kommt, kommt auch raus", scherzte Angela jedenfalls, als wir mit der Arbeit fertig waren, und legte mir Jette auf den Bauch. Dort hätte meine Tochter am liebsten den Rest ihres ersten Lebensjahres verbracht.

An jenem Abend grübelte ich, ob meine Liebe für Marius und Jette, für zwei so winzige Menschen, reichen würde. Heute liebe ich sogar zusätzlich noch Meerschweinchen Hugo. Und jetzt feiert Jette, meine kleine, schrumplige Weißwurst mit den langen Fingernägeln, ihren ersten Geburtstag. Da ihr Freundeskreis noch sehr schwammig definiert ist, habe ich ein paar Leute für Jette eingeladen. Es sind die, die bei unseren Geburtstagen immer kommen und mit denen ich gute Erfahrungen gemacht habe. Kurz vor der Party hat der erste Zahn im Mund meiner Tochter den Durchbruch geschafft. Es war an dem Tag, als wir beim Bäcker ihre Torte bestellt haben. Wer hier an Zufall glaubt, ist naiv.

„Was können wir Jette denn schenken?" bin ich in den vergangenen Wochen etliche Male gefragt worden. Bobbycar. Matschhose. Puppe. Am praktischsten wäre aber ein Terminkalender, denn heute beginnt offiziell ihr straff organisiertes Leben als Kleinkind mit berufstätigen Eltern.

43. Das große Wimmern 💬

Warum ziehen Kleinkinder immer so tieftraurige Gesichter, wenn man als Mutter ohne sie das Haus verlässt? Das macht doch alles nur noch schlimmer.

Nach einem Jahr Babystube mit Jette und Marius arbeite ich seit wenigen Tagen wieder. „Und, freust du dich?" fragten mich meine Kollegen. Grundsätzlich liebe ich meine Arbeit. Aber eben auch meine Kinder.

Und könnten meine Kollegen morgens die Gesichter meiner Kinder sehen, hätten sie die Frage wahrscheinlich anders formuliert.

Mein Mann lenkt Baby Jette mit der Milchflasche ab, wenn ich gehe. Marius klettert aufs Fensterbrett, winkt brav und weint. Das ist der erste Teil des täglichen Dramas.

Der Hauptakt spielt sich bei der Übergabe in der Wohnung unserer Tagesmutter ab. Diese Übergabe erfolgt durch meinen Mann, weil seine Arbeit später beginnt. Damit ich auch etwas davon habe, schildert er mir die Details kurz danach am Telefon: Jette macht zuerst einen spitzen Mund, dann zieht sie die Mundwinkel nach unten und lässt ihren Tränen freien Lauf. Das Ganze untermalt sie mit einem traurigen Wimmern, das von Herzen kommt. Es ist diese Art Wimmern, bei der wahrscheinlich selbst unsere Bundeskanzlerin mit ihrem immergleichen Gesichtsausdruck zu Jette hinrennen und sie trösten würde. Allerdings haben meine Tochter und unsere Bundeskanzlerin im Alltag sehr wenige Berührungspunkte. Sie treffen sich höchstens am Frühstückstisch – wenn Jette die Zeitung zerreißt, auf der hin und wieder die Kanzlerin abgebildet ist.

„Das kriegen wir schon hin", tröstet uns Tagesmutter Connie. Ich will ihr glauben. Wäre ich nicht davon überzeugt, dass sie die Beste für unsere Kinder ist, würde ich ihr Marius und Jette nicht anvertrauen.

Damit Sie mich verstehen, falls Sie keine Kinder haben: Würden Sie Ihr Auto jedem überlassen? Oder Ihren Hund? Wohl nicht.

Mit der Arbeit läuft es einfacher – zum Glück. Es ist, als wäre ich nach drei Wochen aus dem Urlaub zurückgekehrt. Nur eben ohne Bräune, unerholt und mit zwei Kindern, die für meinen Chef ein unkalkulierbares Risiko sind. „Das kriegen wir hin", sagte er am ersten Tag. Ich will auch ihm glauben. Hauptsache er wimmert nicht, wenn ich mal plötzlich nach Hause muss.

44. Eine schleimige Angelegenheit

Seit kurzem beschäftige ich mich mit Schnecken. Ich wusste gar nicht, wie viele verschiedene Schneckenhaus-Modelle es gibt. Unsere Schnecken schleppen gelbe Häuser mit braunen Streifen mit sich herum. Manche sind heller, manche dunkler, manche haben breite Streifen, manche dünne und so weiter. Selbst mein Sohn Marius kann sie mit seinen zwei Jahren gut unterscheiden. Er liebt jedes Tier, das nicht vor ihm flüchtet. Schnecken hat er besonders ins Herz geschlossen. Weil sie beim Streicheln nicht so ein Theater machen wie Katzen. Schnecken halten still. Man kann sie sammeln und in der Hand halten und beobachten, wie sie ihre Schleimspuren ziehen.

An Regentagen pflückt Marius jede Schnecke vom Weg, die er finden kann. Er sammelt sie ein und trägt sie spazieren. Neulich, an einem Vormittag, haben wir so viele Schnecken gefunden, dass Marius mir einen Teil davon in die Hände drückte. Ein paar Minuten ging das gut. Dann wurde die erste Schnecke mutig, kroch aus ihrem Haus und schleimte meine Hand voll. Sofort ließ ich alle Schnecken fallen, und mein Sohn war am Boden zerstört. Also holten wir einen kleinen Eimer von daheim, in dem die Tiere als Wohngemeinschaft leben sollten. Es war eine Art Experiment.

Der Eimer war früher mal ein Fässchen für saure Gurken. Marius legte seine Schnecken hinein und fütterte sie mit Gras. Diese Hain-Bänderschnecken, zu denen die meines Sohnes gehörten, sind ja beim Essen zum Glück nicht so wählerisch. Sie fressen frische Pflanzen, vielleicht sogar saure Gurken und notfalls auch sich gegenseitig.

„Na, sammelst du Eicheln?" fragte eine ältere Dame, die meinen Sohn mit seinem Eimerchen sah. „Snecken hab ish, ganz viele. Die nehm ish mit ins Bett", antwortete Marius glücklich. Die Frau schaute etwas verdutzt in seinen Eimer und erkannte, dass das, was sie für Eicheln gehalten hatte, mit Eicheln nichts zu tun hatte.

Nur durch diverse Drohungen brachte ich meinen Sohn später dazu, den Eimer vor der Haustür abzustellen und allein Mittagsschlaf zu halten.

Unser Experiment „Wie verhält sich eine Schnecken-WG zur Mittagszeit im Saure-Gurken-Fässchen?" wurde von meinem Mann radikal abgebrochen. Er setzte die Schnecken aus und warf den Eimer weg, weil der nach kurzer Zeit schon gefährlich vollgeschleimt war. Ein erstes Forschungsergebnis wäre, dass sich Schnecken im Fässchen auch nicht anders verhalten als in ihre natürlichen Umgebung.

Nachmittags ließ Marius mich in Ruhe mit seinem schleimigen Hobby, er hatte andere Sorgen. Kurz vorm Schlafengehen putzten wir ordnungsgemäß Zähne. Als Marius seine Zahncreme auf die Zahnbürste quetschte, machte er eine Entdeckung: „Ei, sieht aus wie eine weiße Nacktsnecke!"

Kinder haben ihre eigene Weltanschauung. Nicht nur, dass in ihren Augen Buddel-Sand gerne auch mal Haarfarbe oder Kuchen sein kann. Das, was wir Großen mühsam zusammengefügt haben – Brötchen zum Beispiel – zerlegen Sie regelmäßig in Einzelteile. Sie zeigen uns, dass man mehr sammeln kann als Briefmarken. Auch Schnecken haben ihren Reiz.

45. Jettes erste Knoblauchfahne

Irgendetwas roch komisch. Ich war gerade von der Arbeit nach Hause gekommen und hatte Baby Jette auf dem Arm. Aber irgendetwas an meiner Tochter müffelte. Sie grinste und roch streng aus dem Mund. Als mich Marius kurz danach mit einem Kampf-Küsschen begrüßte und ich seinen Atem auffing, war die Sache klar: Knoblauch.

Jette hatte ihre erste Knoblauchfahne. Und die Täterin war Oma Gis, die den Tag mit den Kindern verbracht hatte. Oma Gis, meine Mutter, hatte sie auch bekocht. Oma Gis kocht sehr gut. Es gibt viele Gerichte, die keiner besser kann als sie. „Was gab es heute Mittag?" fragte ich meine Mutter. „Kartoffelsuppe." „Mit Knoblauch", ergänzte ich und machte ein leidendes Gesicht. Ich habe nur dann nichts gegen Knoblauch, wenn ich selbst welchen gegessen habe.

Oma Gis lieferte eine Begründung für den starken Mundgeruch meiner Kinder. Irgendwo hatte sie gelesen, dass Knoblauch gegen Bauchschmerzen hilft. Und weil Marius manchmal über Bauchweh klagt, kochte Oma Gis für ihren Enkel Knoblauch-Kartoffelsuppe.

Vor einem Monat hätte an so einem Oma-kocht-Tag nur Marius gestunken. Aber jetzt riechen beide: Jette darf seit ihrem ersten Geburtstag essen, was auf den Tisch kommt. Bisher bestand ihr Mittagsmenü wegen ihres sensiblen Baby-Magens aus Einheitsbrei – Kartoffeln, Möhren, Fenchel, Fleisch. Jetzt mampft sie sich mit Leidenschaft durch Kochtöpfe und Bratpfannen. Was nicht schmeckt, schmeißt sie einfach unter den Tisch oder schmiert es sich ins Haar.

Noch einmal zu Oma Gis und ihrem Knoblauch: Soweit ich mich erinnern kann, ging sie noch nie sparsam damit um. Knoblauch hilft gegen alles, sagt sie. Als ich Kind war, fischte ich ganze Zehen aus meinen Spagetti. Heute püriert sie das Zeug wenigstens, sodass man nicht ahnungslos draufbeißt. Natürlich dürfen meine Kinder Knoblauch essen, solange sie keinen Termin auf dem Spielplatz haben. Ich möchte dann aber bitte auch etwas davon abbekommen. Wenn man knoblauch-neutral ist und abends beim Buchvorlesen für längere Zeit so ein Fähnchen riechen muss, ist das nämlich nicht besonders angenehm.

46. Die verhängnisvollen Schlüpfer 💬

Kinder sehen manchmal aus, als wollten sie zur Faschingsfeier. Nur dass gerade nirgendwo Fasching ist. Sie tragen knallrote T-Shirts mit Maskierte-Gestalt-Aufdruck und dazu grüne Jogginghosen, sie laufen in Gummistiefeln herum, obwohl definitiv nirgendwo eine Pfütze ist.

Kann man es als Mutter schön finden, wenn sein Kind so vermurkst auf die Straße geht? Muss man bei modischen Totalausfällen immer ein Auge zudrücken? Ich sag's mal positiv: Wir Eltern unterstützen unsere Söhne und Töchter dabei, einen eigenen Geschmack zu entwickeln. Gummistiefel bei Sonne sind ein Indiz dafür, dass das Kind sich selbst eingekleidet hat. Während Baby Jette fröhlich auf alles sabbert, was ich ihr anziehe, testet Marius sein Talent als Trendsetter für Kleinkinder. Zu sagen, er hat dabei ein glückliches Händchen, wäre allerdings übertrieben.

Es begann mit blauer Unterwäsche. Ich hatte meinem Sohn eine Garnitur gekauft, auf die ein Hubschrauber gedruckt ist. Er war so glücklich darüber, dass er den ganzen Nachmittag in Schlüpfern und Unterhemd durch den Garten hüpfte. Das war nicht weiter schlimm, weil es heiß war und er eben nur durch den Garten sprang.

Nun wird er immer selbstbewusster bei der Wäsche-Wahl. Jeden Morgen muss ich ihn am Kleiderschrank hochheben, damit er sich etwas herauspicken kann. Dummerweise wählt Marius seine Kleidung ohne Vernunft und Rücksicht auf den Wetterbericht. Sonne, 20 Grad, also vom T-Shirt-Stapel wählen – so rational geht man da mit zwei nicht ran. Es ist auch schwer, einem von seinem Modegeschmack überzeugten Kleinkind zu erklären, dass man im Bett keine Wollmütze braucht.

„Ich such' heute deinen Pulli aus und du die Socken", schlug ich vor, als er bei zehn Grad und Dauerregen im Teddybär-T-Shirt zur Tagesmutter wollte. Marius wühlte wütend durch den Socken-Schub, bis er einen schwarz-weißen Sockenball entdeckte. Kuh-Strümpfe! Nun trägt er seit fast zwei Wochen täglich viel zu große Socken. Er trägt sie beim Kindersport, im Sandkasten und im Bett. Nachts wasche ich sie heimlich und trockne sie auf der Heizung. Es ist jeden Tag das gleiche Geschäft: Er darf seine Kuh-Socken tragen und ich die Pullis vorschlagen.

Neulich fuhren wir in die Stadt. „Ish will meinen Mantel anziehen", wimmerte Marius, als wir aufbrachen. Da zog ich ihm ohne Diskussion die Jacke über, und er schrie wie am Spieß. Nichts gegen Mäntel. Aber mein Sohn meinte seinen Bademantel.

47. Im Auto durch den Supermarkt

Kennen Sie diese Einkaufswagen mit Auto vorn dran? Vielleicht sind Sie am Käseregal schon mal von so einem Ding angefahren worden. Mit diesen überlangen Wagen kann man zwei Kinder durch den Supermarkt schieben: eins im normalen Wagen-Sitz und eins in dem Auto, das vorm eigentlichen Einkaufswagen herrollt. Die gesamte Konstruktion bringt es locker auf eineinhalb Meter. Jedenfalls stehen sie in fast jedem Supermarkt. Mir ist aufgefallen, das man ihnen relativ selten begegnet.

Gemeinsam mit Marius und Baby Jette habe ich diesen Riesen-

Wagen ausprobiert. Der Kühlschrank war leer, Marius hatte Urlaub – und so stürzten wir uns zu dritt in den Konsumdschungel. Mit Kleinkindern einkaufen zu gehen, ist ja so eine Sache. Also wurden diese Auto-Wagen erfunden, damit die Kleinen bis zur Kasse quängelfrei durchhalten. Ich setzte Baby Jette in den Klappsitz, und Marius kletterte ins rote Plastik-Auto.

Erste Station: Backwaren-Stand. Als Jette ein Brötchen abstaubte, schoss Marius von seinem Sitz. „Ish will auch ein Brötsen, aber ein weishes", schimpfte er. Die Verkäuferin entschuldigte sich verlegen und reichte ihm eins runter.

Jetzt kamen die Kurven. Es ist praktisch nicht möglich, so einen Wagen geschmeidig durch die Gänge zu lenken. „Sneller", rief Marius, während Jette versuchte, meinen Einkaufszettel aufzuessen. Ich griff nach links und rechts und warf in den Wagen, was wir gebrauchen konnten. Wenn ich stehen blieb, hüpfte Marius aus seinem Auto. „Ish hol mal snell Möhren", erklärte er und flitzte durch die Gemüseabteilung. Ja, wir wollten Möhren kaufen.

Ich packte mein Körbchen, Marius stopfte sein Auto voll. Und Jette saß verdreht in Fahrtrichtung auf ihrem Baby-Sitz und warf alles, was knisterte, auf den Gang. Das mit dem Knistern trifft auf ziemlich viele Produkte zu. Auf ihrem Schoß lag die ganze Zeit ein Toastbrot.

„Käse fehlt noch", kommandierte Marius von unten. Ein dumpfer Aufprall bremste unser Geschoss vor dem Käseregal aus. Ich war der Frau vor uns in die Waden gefahren – hatte die Überlänge meines Wagens vergessen. Zum Glück mussten wir keinen Arzt rufen und auch nicht die Polizei. Es gab keine Blechschäden, nur blaue Flecken an den Beinen des Unfallopfers. Dafür brauchte ich daheim eine Dusche, weil ich vom Einkaufen durchgeschwitzt war.

48. Der kleine Bräutigam

Mein Sohn Marius möchte heiraten. Prinzipiell habe ich nichts dagegen, aber ich finde, er sollte noch 25 Jahre warten. Schließlich ist er erst zwei. „Du hast doch bald Geburtstag. Da feiern wir auch ein Fest, bei dem du tanzen und eine Freundin einladen kannst", sagte ich, als er mir erklärte, dass er eine Ehe wünscht. Ohne Erfolg: „Ish will Hochzeit machen", flehte Marius und begann zu weinen.

Mein älterer Bruder ist daran Schuld, dass mein Sohn jetzt traurig ist. Er hat neulich geheiratet und die Party zum Kinderfest erklärt. Marius hüpfte mit mehreren Kleinkindern durch den Tag und tanzte durch den Abend. Nebenbei packte er Geschenke aus, denn die Onkels und Tanten, die ihn lange nicht oder noch nie gesehen hatten, wollten sich mit kleinen Spielsachen beliebt machen.

Marius war jedenfalls sehr, sehr glücklich. Und mein Mann und ich am nächsten Tag sehr, sehr müde, weil wir zu viert mit Marius und Baby Jette in einem Zimmer geschlafen hatten. Ich frage mich seitdem, wie der Mensch es geschafft hat, bis heute nicht auszusterben. Wie konnte er in Höhlen und Hütten Ruhe finden, wenn neben ihm mehrere Menschen schnarchten? Wie machen das die vielen armen Familien auf der Welt, die sich einen Raum teilen und keine Kinderzimmer kennen? Uns hat die Hochzeitsnacht meines Bruders gereicht. Marius seufzte, Jette erzählte im Schlaf. Und ich versuchte, so leise wie möglich einzuschlafen. Ging aber nicht. Wenn man leise einschlafen möchte, kann man gar nicht einschlafen.

Gegen fünf Uhr morgens hüpfte ich mit schmerzverzerrtem Gesicht durch das Zimmer: Ich wollte zur Toilette schleichen und war auf die neuen Spielzeugautos meines Sohnes getreten. Als ich so hüpfte, saß Jette im Bett und klatschte Beifall. Sie hatte ausgeschlafen, mein Mann die Nase voll. Er ging mit ihr spazieren, ich blätterte durch eine Zeitung. Sonntagmorgens um fünf in einem Dorf, in dem es nirgendwo eine Tankstelle mit Kaffee zum Mitnehmen gab. Als er zurückkam, roch der Kinderwagen nach Kuhmist. Er war übers Feld gefahren. „Jette hat die Kühe geweckt", erzählte er.

Mehrere Stunden später erwachte auch Marius, wir saßen noch beim Frühstück. „Is doch noch Hochzeit, holt mish", rief er durchs Babyphon. Unser Sohn hatte das Zimmer für sich und verkündete später ausgeschlafen und Leberkäse kauend, er will Hochzeit machen. Ich werde ihn in 25 Jahren darauf ansprechen.

49. Erziehung auf Mallorca

Urlaub bildet. Sogar, wenn man sich nur von der Ferienanlage bis zum Strand und zurück bewegt. Ich habe in unserem Herbsturlaub etwas Wichtiges gelernt: Wenn man nicht weiter weiß, beginnt Erziehung mit dem Wörtchen „wenn". Wir machten mit Marius und Baby Jette Urlaub auf Mallorca. Mit dem „wenn" ging es schon im Flieger los, direkt in der Sitzreihe vor unserer, in der ein kleines Mädchen saß. „wenn die Lotte sich nicht anschnallen lässt, bekommt sie keinen Lolli", drohte die Mutter vor der Landung. Lotte gehorchte. Ich wette, ein Kind hört das Wort „wenn" täglich genauso oft wie seinen Namen. Zumindest im Urlaub. In unserer Bungalowanlage wohnten viele Familien mit kleinen Kindern. Die meisten „wenns" verteilten die Eltern während der Mahlzeiten: „Wenn der Fabi jetzt nicht isst, muss er aufs Zimmer.", „Wenn der Luca nicht sitzen bleibt, bekommt er keinen Nachtisch.", „Wenn die Sara nicht den Salzstreuer weg stellt, darf sie nicht zur Mini-Disko."

Auch ich bin auf der Wenn-Welle mitgesurft, ganz automatisch:

„Wenn der Marius nicht wenigstens mal ins Brötchen beißt, gehen wir nicht an den Strand."

„Wenn sich der Marius keine Zähne putzt, gibt es keine Gute-Nacht-Geschichte."

Baby Jette blieb wie die anderen Babys von der Wenn-Erziehung verschont. Ich schätze, die steht ihnen noch bevor. Wenn wirkt. Fabi, Sara, Lotte, Luca – alle haben getan, was ihnen befohlen wurde. Zumindest eine Weile. Auch Marius wollte sich durch die angedrohten Sanktionen nicht den Urlaub versauen lassen. Bitte nicht falsch verstehen: Mit der Wenn-Dann-Pädagogik wollen wir Eltern unsere Kinder nicht erpressen. Aber es ist von Vorteil, dass ein Kind mit Konsequenzen rechnen muss.

Nach dem Abendessen tanzten Marius, Sara und an die 30 andere Kleinkinder glücklich zur Mini-Disko. Die Eltern standen verzückt daneben und klatschten. Tanzende Zweijährige sind ja echt putzig. Danach löste sich das drollige Grüppchen auf. „Wenn der Fabi jetzt fein schläft, darf er morgen Abend wieder tanzen", sagte die Fabi-Mutter im Gehen zu ihrem Sohn. Das „wenn" ist manchmal einfach so da, weil es schon zur Familie gehört.

50. Marius und seine Farbe

Viele Menschen sind rosa. Marius kam auf Mallorca zum ersten Mal nicht drumrum, über seine Farbe nachzudenken. Mein Sohn ist demnach rosa.

Wir wollten auf unsere rosa Haut ein bisschen braun zaubern und glaubten, Mallorca eignet sich dafür im Oktober. Ganz klassisch machten wir Ferien mit Halbpension in einer Bungalowanlage. Jede Familie hatte dort ihr eigenes Häuschen, in dem die Kinder bei Bedarf auch mal schreien durften. Wenn wir in den Speisesaal gingen, liefen wir also an vielen solchen Häuschen vorbei. Am ersten Morgen spazierten wir zum Frühstück, vorbei an einer dunkelhäutigen Frau, die

Kniebeuge vor ihrem Bungalow machte. „Was is das für eine Tante?", fragte Marius und blieb stehen. „Die Tante macht Sport", antwortete mein Mann und zog ihn weiter. „Ja. Sie hat sich auch schon angemalt", sagte Marius. Wenn mein Mann hungrig ist, lässt er sich ungern auf lange Debatten ein. Also schweig er die Erklärung aus. Was soll man auch sagen, wenn so ein kleiner Junge ohnehin alles besser weiß? Am Büfett bediente ein Koch, dessen Haut beinahe schwarz war. Marius starrte ihn an: „Was is das für ein Onkel?" Ich beschloss, meinem Sohn die Welt zu erklären: „Menschen haben verschiedene Hautfarben. Es gibt weiße und gelbe Menschen und braune und schwarze. Je nachdem, wo auf der Erde sie wohnen." „Gibt's auch blaue?" fragte Marius, der sich sehr für die Farbe der Menschen interessierte. Ich verneinte. „Welche Farbe habe ish?", fragte er. „Du bis weiß, genau wie ich und Papa und Jette." „Ish bin doch rosa", erklärte Marius und zählte auf, wer noch alles rosa ist. Das dauerte relativ lange. Zwischendurch fragte er mich, ob mir noch andere rosa Menschen einfallen.

Abends spazierten wir wieder zum Büfett. Der dunkle Koch stand diesmal bei den Desserts. Marius freute sich, als er ihn sah und winkte schon von weitem. Der Mann lächelte und winkte zurück. Marius winkte und winkte und guckte. Da reichte der Koch seine Hand übers Büfett und schüttelte die kleine, weiße Hand meines Sohnes. Danach schaute sich Marius fasziniert seine Hand an: „Is gar nich swarz." Er dachte, die Hand des Koches würde abfärben. Schuld ist der hungrige Vater meines Sohnes. Warum hat er nichts gesagt, als Marius davon überzeugt war, dass sich die farbige Sportlerin angemalt hat? Ich wurde in dem Moment zum roten Menschen.

51. Lektion eins: „Das ist die Lampe"

Ich versuche gerade, Jette ein bisschen Deutsch beizubringen. Mit 14 Monaten ist sie jetzt in einem Alter, in dem es durchaus sinnvoll ist, eine Sprache zu sprechen. Wenn sie in ihrem Hochstuhl am Tisch sitzt, lernen wir Vokabeln. „Das ist die Lampe. Die Lampe macht Licht", sage ich und zeige auf die Lampe. Auf diese Weise erkläre ich ihr Tisch, Stuhl, Küche, Teller, Tasse und so weiter. Jeden Abend.

Das klappt ganz gut. Jette beobachtet meine Lippen und wiederholt konzentriert: „dada". Die Worte, die für sie am wichtigsten sind, kann sie schon. „Alle" zum Beispiel. Das sagt sie, seit sie festes Essen bekommt. „Alle" ist für Jette ein Lebensgefühl, mit dem sie nicht umgehen kann. Es bedeutet so viel wie „ich hab noch Hunger, aber es ist nichts mehr da". Ich muss dann also umgehend noch etwas auf ihren Teller legen.

Jette bellt mit Hunden im Duett. Und sie kann grunzen wie ein Schwein. Baby Jette weiß also mehr, als man ihr zutraut. So geht es vielen Kleinkindern. Sie werden unterschätzt. Wenn sie in ihren Selbstgesprächen „dada" und „gaga", „mama" und „pepe" vor sich hin murmeln, dann üben sie Vokabeln. Auch die Babyforschung beschäftigt sich mit dem Gebrabbel. Wissenschaftler der Universität von Chicago haben herausgefunden, dass Kinder in Jettes Alter 93 bis 117 Wörter verstehen. Die Zahlen klingen sehr seriös. Denn in Forscherkreisen spricht man nicht von „rund 100", sondern legt Wert auf Exaktheit.

In den nächsten vier Monaten werden es laut Babyforschung bei Jette bis zu 300 Wörter sein – ich runde jetzt mal. Wir müssen also aufpassen, was wir sagen. Für die Wörter, die sie kennt, die aber nicht korrekt über ihre Lippen gehen, entwickelt Jette ihre eigene Sprache. Marius ist damit nicht so glücklich. „Ich bin nicht gaga", schimpft er, wenn seine Schwester ihn statt Marius „gaga" nennt. „Sie ist doch noch ein Baby. Du hast früher selbst ‚Mamo' zu dir gesagt". „Gar nicht", antwortet er trotzig.

Bei dem Thema sollte er eigentlich lieber den Mund halten. Auch er lernt noch Deutsch. Marius hat einen neuen Freund, der Torben heißt. Wenn Torbens Vater nach seinem Sohn ruft, dann klingt das wie „Torbm". Wenn Marius ihn ruft, ruft er „Tuuurm".

„Der Junge heißt nicht Turm, er heißt Torben. Toor-ben", korrigiere ich meinen Sohn. Marius wiederholt: „Tor-ben". Im nächsten Moment setzt er zum Sprint zu seinem Freund an und ruft „Tuurm".

Ja. Kinder wissen alles besser.

52. Drei Kerzen brennen

Seit ein paar Tagen habe ich einen dreijährigen Sohn – Marius hatte Geburtstag. In dem Alter ist ein Jahr eine sehr, sehr lange Zeit – zum Teil voller Entbehrungen. Er braucht keine Windeln und meistens kein Lätzchen mehr, er musste das Schnullern und den Kinderwagen aufgeben. Jeden Monat ist mein Sohn einen Zentimeter gewachsen, statistisch gesehen. Marius hat nichts Babyhaftes mehr in seinem Umfeld, abgesehen von seiner Schwester, und er fühlt sich wie ein Großer. Aber ab wann feiert man Kindergeburtstag? Manche Kinder haben aus Sicht ihrer Eltern schon ab Geburt Anspruch darauf. Während zu ihrem nullten Geburtstag, was praktisch die Geburt ist, ausschließlich die Erwachsenen ihren Spaß haben und die Väter in der Regel einen heben, wird ein Jahr später die Sache manchmal schon ziemlich ernst genommen. Wir waren vor zwei Jahren auf einem ersten Geburtstag, bei dem der ganze Boden mit krabbelnden Babys bedeckt war. Ich wäre mehrmals fast darüber gestolpert und stellte fest, dass Einjährige kein Party-Volk sind. Sie krabbelten orientierungslos durch die Gegend. Als Marius zwei wurde, lud ich seine Kumpels mit jeweils einem Betreuer zu uns nach Hause ein. Während wir Mütter Kaffee-Kränzchen machten und über die Geburt scherzten, verzog sich die Mini-Meute ins Kinderzimmer. Es war zu ruhig dort, also ging ich nach zwei Minuten nachschauen: Marius hatte eine Pfütze Apfelschorle gemacht, und alle Kinder patschten drin herum. Später spielten sie in seinem Bett Tarzan und rissen den Babyhimmel von der Decke. Es war keine gute Idee mit diesem Kindergeburtstag, stellte ich fest. Wir suchten uns schließich einen neuen Wohnsitz.

Seinen Dritten wollten wir feiern, ohne danach umziehen zu müssen. Denn eine Party zum dritten Geburtstag gehört heutzutage zum guten Ton. Also Indoor-Spielplatz. Wir feierten in einem Abenteuer-Spielplatz – mit Rutschen, Klettergerüsten, Hüpfburgen, Elektro-Autos und Bälle-Bädern. Zur Party selbst brauche ich nichts weiter sagen. Am Ende jagten die Eltern durch die Halle und pflückten ihre aus Protest schreienden Söhne und Töchter vom Klettergerüst. Marius war sehr, sehr glücklich. Meine Freundin Stefanie rief mich später an und bedankte sich für den unkomplizierten Abend.

Halb vier am nächsten Morgen erwachte ich von einem Poltern. Marius war aufgestanden und hatte überall Licht angeknipst. „Es ist noch Nacht, musst du pullern?" fragte ich. „Nein, ish will nur Eisenbahn spielen." Wir hatten zum Geburtstag seine Holzeisenbahn aufgerüstet. Ich schaffte meinen Sohn wieder ins Bett und legte mich als Bettvorleger daneben, damit er einschläft. Sein dritter war sein erster Geburtstag, bei dem er so einigermaßen wusste, worum es ging. Nur mit dem Alter hat Marius jetzt so seine Probleme. Er wollte eigentlich vier werden. Wie sein Cousin.

53. Ein Bier für Jette 💬

Jette gehört jetzt zu den Typen mit der Bierflasche. Es ist nicht so, dass sie irgendwas mit dem Inhalt am Hut hat. Aber Jette hat sich in eine Bierflasche verliebt. Als wir vorm Einkaufen Leergut wegbrachten, fischelte sich meine Tochter eine leere Plastik-Bierflasche aus dem Einkaufsorb. Und lächelte glückselig. „Soll die noch mit weg?" fragte die Kassiererin mit Blick auf Jettes Flasche. „Lieber nicht", antwortete ich. Seitdem gehört die 25-Cent-Flasche zu ihren Lieblingsstücken. Jette legt sie liebevoll in den Puppenwagen neben Rosi und fährt sie durchs Wohnzimmer spazieren oder kullert ihre Flasche ein bisschen durch die Gegend.

Ich glaube nicht, dass meine Tochter aus Verzweiflung zum Bier greift. Immerhin haben wir zwei Zimmer, die vor Spielzeug überquellen. Es ist eher ein Ur-Trieb. Jette ist Sammlerin und hat ein großes Herz: für leere Gummibärchen-Tüten, für alte Zeitschriften, für Kochlöffel, Plastikdosen und für Holzspäne, die auf dem Spielplatz stolpernde Kinder abfangen sollen. All das stopft sie neben Rosi in den Puppenwagen, wenn es ihr zwischen die Finger kommt.

Etwa jeden zweiten Abend suchen wir die Fernbedienung für den Fernseher. Auch da ist Jettes Puppenwagen immer eine gute Adresse beim Suchen, denn Fernbedienungen sind ihre größte Leidenschaft. Meistens verstecken wir sie deshalb auf dem Schrank oder hinter den Sofakissen. Doch Jettes Finger kommen überall hin.

Prinzipiell will ich ihrem Hobby nicht im Weg stehen. Babys sammeln eben. Und im Vergleich zu ihrem Bruder Marius ist Jette eher ein harmloser Fall. Es gab Zeiten, da ging Marius stets mit einem dritten Schuh aus dem Haus. Er spielte mit dem Schuh, als wäre der ein Kuscheltier. Oder er schleppte das neue Kehrschaufel-und-Besen-Set mit sich herum. Saß im Kinderwagen und fuchtelte damit vergnügt durch die Gegend. Einmal hatte sich Oma Gis im Supermarkt eine neue

Strumpfhose gekauft, weil ihre gerissen war. Dummerweise hatte sie Marius beim Einkaufen dabei, und er verliebte sich erwartungsgemäß in die verpackte Damenstrumpfhose und ließ sie in den nächsten Stunden nicht mehr los.

Jettes Bierflasche lag jetzt tagelang ungeachtet in der Ecke. Ich packte sie heimlich und ging in den Supermarkt, um sie loszuwerden. Doch der Leergut-Automat spuckte sie immer wieder aus. Jette hat das Barcode-Etikett zerstört.

54. Ein Asyl für Dinos 💬

Wir sind umzingelt von Dinosauriern. Sie fahren Pferdetransporter oder Traktor und teilen sich einen Stall mit Kühen und Hühnern. Sogar auf unserem Esstisch sitzen Saurier. Zum Glück sind sie Vegetarier, obwohl sie scharfe Zähne haben und streng gucken. Marius stopft ihnen nur Brot und Nudeln in die offenen Mäuler. Wurst teilt er nicht, die isst er selbst.

Marius ist im Dino-Fieber. Seit er bei Oma Gis einen Spielzeugkorb mit den stillgelegten Gummi-Sauriern meines jüngeren Bruders fand, hat er ein Herz für ausgestorbene Urzeit-Tiere. Er nahm sie mit nach Hause, erklärte Oma Gis aber, er wolle sie nur mal ausleihen. Nun leben sie bei uns im Asyl und haben sich nach dem Geburtstag meines Sohnes inzwischen vermehrt.

Manchmal ist nicht ganz klar, ob Marius Saurier oder Mensch ist. Er hüpft durchs Wohnzimmer, die Hände nach vorn gestreckt wie Krallen, und ruft „hhhrrrr". Das Modell nennt sich dann Scharfzahn. Baby Jette amüsiert das. Anfangs klatschte sie Beifall, wenn ihr Bruder einen auf T-Rex machte. Inzwischen ist sie zum Steinzeit-Baby mutiert. Sie krabbelt Marius hinterher und macht ebenfalls „hhhrrrr". Mir wird das langsam unheimlich. „Spielt doch mal wieder mit den Autos", schlug ich vor, wurde zur Antwort aber nur angeknurrt.

Vor ein paar Wochen traf ich eine alte Bekannte, deren Sohn schon seit fast zwei Jahren auf dem Dino-Trip ist. „Nee, dafür hat Marius nichts übrig", sagte ich beruhigt, als sie von dem knurrenden Vierjährigen erzählte.

Kurz danach machte mein Sohn die Entdeckung bei Oma Gis. Er grub die Saurier aus wie die großen Dino-Forscher vor 150 Jahren. Seitdem knurrt er wie der Sohn meiner Bekannten. Und Jette mit. Ich wette, sie gehört weltweit zu den jüngsten Saurier-Fans. Jette knurrt bei jedem Tier, das ihr zwischen die Finger kommt. „Hhrrr", macht sie, zieht ein grimmiges Gesicht und fuchtelt mit Spielhäschen und Hühnern durch die Luft.

Zurzeit sind unsere Dinos relativ schweigsam. Sie haben sich heiser geknurrt.

55. Der rote Pümpel

Mein Sohn hat zwei Gesichter. Eins für mich und eins für auswärts. Wir – also er – machen Eingewöhnung im Kindergarten. Weil Marius jetzt drei ist, naht das Ende bei Tagesmutter Connie. Wir waren nun zusammen in seiner neuen Gruppe, und Marius zeigte mir sein zweites Ich: Der kleine Typ, der mich zu Hause hinterhältig mit Dinosauriern überfällt, der quiekt und rennt, statt zu laufen, der aus Wut gern mal Autos schmeißt – dieser Kleine umklammerte schüchtern meine Beine. Marius tat, als wäre er sehr, sehr schüchtern und ein Fall, der besondere Betreuung braucht.

Beinahe hätte ich geheult. Wie wird das werden, wenn er sich allein durchbeißen muss? Ich dachte an Frau S. Sie war Reinigungskraft in meinem Kindergarten. Wenn ich an sie denke, bekomme ich heute noch Herzrasen: Ich aß schlecht, als ich so alt war wie mein Sohn. Meine Mutter musste mir immer sagen, welches Essen mich im Kindergarten erwartete.

Einmal gab es Kohlrouladen. Ich ließ mich nur im Kindergarten abgeben, weil ich meiner Mutter eine Ess-Befreiung abgeschwatzt hatte. Mittags saß ich trotzdem vor meiner Kohlroulade und weigerte mich unter Tränen, davon zu essen. Man hatte meine Ess-Befreiung mit sozialistischer Arroganz in den Papierkorb geworfen. Vielleicht hat man sie mir sogar als Schmierblatt gegeben.

Plötzlich stand Frau S. neben mir, in der Hand ihren Pümpel – so einen Holzstab mit rotem Saugnapf unten dran. „Iss, sonst helfe ich nach", sagte sie und fuchtelte mit dem Ding vor meiner Nase herum. Also aß ich. Es gab auch ein Kabuff damals. Das war die Kammer, in der die Kinderbetten lagerten. Wer böse war, musste eine Weile ins Kabuff, bis er wieder ins Kollektiv gepasst hat.

Daran musste ich denken, als ich auf dem Mini-Stuhl im künftigen Kindergarten meines Sohnes saß. An die ganzen schlimmen Dinge aus meinem eigenen Kindergarten. Und an Frau S. Auch bei Marius gibt es eine Kammer für die Betten. Kinder waren dort allerdings nicht versteckt, ich habe mal heimlich einen Blick reingeworfen.

„Was passiert, wenn sich Marius nicht allein anziehen kann?" fragte ich vorsichtig seine Erzieherin. „Dann helfen wir ihm. Bei uns muss keiner deswegen weinen", antwortete sie und lächelte mich aufmunternd an. Da verspürte ich eine angenehme Leichtigkeit an den Beinen: Marius hatte sich von mir gelöst und hockte vor einem Plastik-Parkhaus. Er transportierte Autos mit dem Fahrstuhl nach oben, machte einen Stau und führte Selbstgespräche mit dem Parkhaus. Ein kleines Mädchen hockte sich dazu. „Du darfst nish mitspielen", schimpfte mein Sohn und schaute böse. Er zeigte sein wahres Gesicht und schien vergnügt. Auf der Kindergarten-Toilette erklärte er mir später, welchen Zahnputzbecher er möchte. Mittags gab es Nudeln statt Krautrouladen.

Ich habe abgeschlossen mit meiner Vergangenheit. Frau S. ist in Rente.

56. Der aufrechte Gang 💬

Baby Jette gerät mit ihren 15 Monaten zunehmend unter Druck: Denn der aufrechte Gang spielt in ihrem jungen Leben eine untergeordnete Rolle. Meine Tochter krabbelt lieber. Mich stört das nicht, doch die Omas werden unruhig. Als sich Oma Karla nach drei Wochen Urlaub zurückmeldete, war ihre zweite Frage am Telefon, ob Jette nun laufe. Als erstes hatte sie sich erkundigt, ob wir gesund sind. Natürlich hat sie so hintenrum nach ihren Fortschritten in Richtung Zweibeiner gefragt, so dass ich mich nicht ärgern muss.

Oma Gis ist direkter. „Du musst mal laufen, meine Püppi", sagt sie Jette geradewegs ins Gesicht. Und das gefühlt dreimal in der Stunde. Manchmal sitzt Jette da, hört ihr zu, schüttelt den Kopf und sagt „nein-nein". Das hat aber nichts weiter zu bedeuten, weil Jette neuerdings zu vielen Dingen erstmal nein-nein sagt. Sie hat eben ein gesundes Misstrauen.

Ich ertappte mich selbst dabei, wie ich Baby Jette provozierte: „Komm zu mir gelaufen", sagte ich. Da stand meine Tochter in der Küche und hielt sich am Schrank fest. Ich hockte mich vor sie und streckte ihr meine Arme entgegen. Keine Chance. Oma Gis versucht inzwischen, ihren Ehrgeiz zu bremsen und dem Ganzen etwas Gutes abzugewinnen. Sie besorgt sich regelmäßig diese Gratis-Baby-Zeitschriften, die es in der Apotheke gibt, und liest sich Fachwissen an. „Kinder, die spät laufen, haben andere Fähigkeiten", erklärte Oma Gis vergnügt. Ob sie mich und meine Brüder früher ebenfalls so analysierte wie ihre Enkel heute? Bisher glaubte ich, ohne Bedienungsanleitung von meiner Mutter erzogen worden zu sein.

Aber es gibt wirklich Dinge, die Jette gut kann: Essen zum Beispiel. Sie kann Eintopf mit Fingern essen, mit nur zwei Zähnen Apfel kauen und mit bloßer Muskelkraft aus Bananen Mus machen.

Neulich morgens waren wir gemeinsam im Bad. Während

ich Zähne putzte, stand Jette ein bisschen herum und hielt sich am Rand der Badewanne fest. Im Spiegelbild machte ich eine Entdeckung. Jette tapste durchs Zimmer – freihändig, einfach so. Bei ihrem Laufstil hat sie sich offenbar von Bruder Marius (3) inspirieren lassen. Sie läuft wie eines seiner Lego-Männchen: Arme nach vorn, Popo nach hinten.

„Mit 14 Monaten machte ich meine ersten Schritte" – so wird es in Jettes Fotoalbum stehen. Ein kleiner Tipp für ehrgeizige Mütter und Omas: Beim Bewerbungsgespräch ist bisher garantiert noch keiner gefragt worden, wann er laufen lernte. Da wird höchstens gefragt, wann man das letzte Mal auf die Nase gefallen ist.

57. Der Weihnachtsmann im Hundefänger-Auto

Unser Weihnachtsmann heißt Andrea. Jeden Tag fährt sie mit einem weißen Hundefänger-Auto durch unsere Straße und klingelt bei den Leuten. Bei manchen klingelt wahrscheinlich keiner öfter als Andrea, obwohl eigentlich niemand etwas über sie weiß. Sie klingelt, hält einem ein schwarzes Plastik-Kästchen zum Unterschreiben unter die Nase und verschwindet wieder in ihren Hundefänger. Ohne große Worte.

Andrea ist unsere Paketzustellerin. Zurzeit verteilt sie Sachen in unserer Straße, die sich die Menschen an Weihnachten schenken werden. Familien mit Kindern bestellen viel im Internet. Das ist praktisch, weil man dabei nicht durch Spielwarenläden hetzen muss. Man bringt die Kinder ins Bett, setzt sich an den Computer und klickt mit der Maus seinen Einkaufswagen voll. Und das ist schon schwer genug: Worüber könnte sich Baby Jette freuen? Und worüber Marius? Im Gegensatz zu Jette hat Marius schon Wünsche. Der Weihnachtsmann soll ihm ein blaues Polizei-Auto bringen und einen blauen Schal. Allerdings wünscht er sich die blaue Polizei, weil er schon eine hat, die ihm gut gefällt. Und den Schal wünscht er sich, weil ich mir einen Schal wünsche. Hilft mir also nicht weiter.

Mein Mann hatte eine Idee: „Wir könnten ihm einen Gutschein für ein Fahrrad schenken, das er sich im Frühling aussuchen darf." Ich schluckte. Auf solche Ideen können nur Männer kommen. Da soll der Weihnachtsmann einem Dreijährigen einen Zettel überreichen, den er nicht mal lesen kann, und der Dreijährige soll sich darüber auch noch freuen. Als ich das meinem Arbeitskollegen erzählte, sah er mich erstaunt an: Er hatte seiner Tochter vergangenes Jahr ebenfalls einen Gutschein geschenkt – für einen Eselsritt zur Wartburg. Den Gutschein löste er nicht mal ein, weil seine Familie Esel dann doch zu störrisch fand. Für mich steht fest, dass mein Sohn keinen Gutschein bekommt. Ich werde im Netz das richtige Spielzeug für ihn finden, und Andrea wird es zu uns nach Hause tragen müssen. Mit ihrem Hundefänger-Auto verteilt sie jeden Tag 110 Pakete. In der Vorweihnachtszeit sind es manchmal 170. Früher war sie selbstständig als Paket-dienst gewesen, doch das hatte sich nicht gelohnt. Also ließ sie sich von einem Bekannten anstellen. Mehr weiß ich auch nicht über Andrea. Wir Erwachsenen freuen uns jedenfalls, wenn sie klingelt. Ein bisschen Angst haben wir aber auch: vor den Rechnungen in ihren Paketen.

58. Wer spielt den Weihnachtsmann? 💬

Wer macht Weihnachtsmann? Heikle Frage. Bisher spielte ihn mein Bruder, doch der ist nicht mehr glaubwürdig für meinen Sohn. Marius hat ihn enttarnt. Einfach so vom Sofa aus. Er schaute sich die Marius-DVD vom vergangenen Heiligabend an und stellte fest, dass der Weihnachtsmann wie Onkel Tino aussieht. Dabei hatte sich sein Onkel Tino wirklich Mühe gegeben: Er klebte sich einen Bart an, ließ sich schminken und stopfte ein Dicker-Bauch-Kissen unter seinen Mantel. Per Videoanalyse ist er von einem Dreijährigen erkannt worden. Ich möchte aber gern, dass mein Sohn Respekt hat vorm Weihnachtsmann. Sonst könnten wir uns den ganzen Aufwand sparen und die Geschenke unter den Baum legen. Ich weiß, wie das ist, wenn man für seine Eltern Heiligabend das ehrfürchtige Kind spielen muss. Für mich war immer klar, dass mein Vater der Weihnachtsmann ist. Wenn er im Keller verschwand unter dem Vorwand, heizen zu müssen, wusste ich, dass es gleich Geschenke gibt. In Wahrheit verdrückte sich mein Vater ins Bad und zog sich um.

Es war keine große Kunst, ihn zu erkennen: Er trug seinen Bademantel, der das ganze Jahr über rumhing, seine Hausschuhe und eine abgenutzte Weihnachtsmann-Maske mit Watte-Bart. Die musste er ein bisschen festhalten, damit sie nicht verrutscht. Welches Kind soll darauf reinfallen?

Wir brauchen also Ersatz für Onkel Tino. Mittlerweile kann man Weihnachtsmänner ja sogar übers Arbeitsamt buchen. Besonders begehrt ist der Job allerdings nicht, denn in meiner Stadt waren sie schon ziemlich früh ausgebucht. Das bedeutet, es gibt zu wenige. Ich stand trotzdem kurz vor Vertragsabschluss mit dem Weihnachtsmann-Chef, als sich kurzfristig mein Nachbar für eine schöne Bescherung bereiterklärte. Das ist individueller. Heute oder morgen werde ich also mit dem

Weihnachtsmann Wein trinken und ihm erklären, worauf es mir ankommt: dass Marius seine Schwester Jette nicht schubsen darf, dass man anderen Kindern (Schwestern) keine Spielsachen wegnimmt und Türklinken nicht für Klimmzüge missbraucht.

Das Video, das wir diesmal Heiligabend drehen, werde ich bis zu Marius' 18. Geburtstag im Schrank wegschließen. Nur so zum Schutz vor den schonungslosen Fragen eines neugierigen Kindes.

59. Unerfüllte Wünsche

Jettes sehnlichster Weihnachtswunsch hat sich nicht erfüllt. Niemand erklärte sich bereit, ihr ein Telefon zu schenken. Oder wenigstens eine Fernbedienung. Ebenso unerfüllt blieb der Wunsch meiner Tochter, dass der Weihnachtsmann sie aus dem Gefängnis befreit. Ihr Laufgitter steht nämlich immer noch da.

Meinem Sohn Marius geht es nicht besser. Er hatte darauf spekuliert, dass der Weihnachtsmann für eine Weile seine kleine Schwester übernimmt. Er glaubte, Jette würde einen ziemlich guten Zwerg in der Weihnachtsmann-Werkstatt abgeben. Doch daraus wurde nichts. Stattdessen ist Jette jetzt immer noch da und stolze Besitzerin eines blinkenden Flugzeugs, das Marius ebenfalls gerne hätte, einer Dose Holz-Bockwürstchen und eines grünen Filzbeutels. Jette erledigt keinen Weg mehr ohne diesen grünen Beutel, der eigentlich nur Geschenkverpackung war. Sie führt ihn bei sich wie ich meine Handtasche. Und versteckt darin ihre Beute von der Pirsch durchs Wohnzimmer: Löffel, Bälle, Lego-Figuren, Fernbedienungen. Marius wartet in seinem neuen Kaufmannsladen vergeblich darauf, dass Jette bei ihm einkauft. Also verbringt er die Wirtschaftsflaute mit Inventur.

Soviel zum Thema Weihnachten. Während unsere Kinder versuchen, sich einen Überblick über ihre Geschenke zu verschaffen, planen wir das nächste Fest. Silvester. Bei uns werden sich vier Kleinkinder aufhalten. Statt Karpfen wird es Würstchen geben, denn die haben im Gegensatz zum Fisch kein Gesicht. Die schwierigste Frage ist aber, wie spät wir den Jahreswechsel vollziehen. Den Kindern ist es egal, ob sie sich um acht oder um zwölf mit Wunderkerzen vor die Tür stellen. Ebenso egal ist es ihnen, welche Jahreszahl hinter dem Datum steht. Das ganze Datum ist ihnen schnuppe.

Trotzdem hat Marius schon für den Ernstfall geprobt: durchhalten bis Mitternacht. Oma Karla hatte den Auftrag, die Kinder ins Bett zu bringen, damit mein Mann und ich ausgehen konnten. Jette ließ sich das auch gefallen. Im Nachbarzimmer spitzte sich die Lage jedoch Stunde um Stunde zu. Marius verwickelte Oma in Gespräche über früher: Ob sie noch wisse, dass sie schon mal mit ihm rodeln war und solche Sachen. Wenn sie sein Zimmer verlassen wollte, drohte er mit einem spitzen Schrei. Oma war erpressbar. Sie hatte Angst, dass Jette wach werden könnte, und legte sich deshalb mit ihm auf eine Matratze vors Kinderbett. Gegen Mitternacht schlief er dort ein.

Vor dem Hintergrund ist die Frage, wie spät bei uns Jahreswechsel sein sollte, wirklich nicht einfach.

60. **Wir schaffen das!** 💬

Seit Bob zu unserer Familie gehört, sind wir zu allem fähig. Bob ist der neue beste Freund meines Sohnes. Er ist kein echter Freund, der manchmal klingelt und so, sondern Bob ist der stämmige Zeichentrick-Bauarbeiter aus der Serie „Bob, der Baumeister". Und Bob kann alles.

Um keine falschen Vorstellungen zu wecken: Ich parke meine Kinder nicht vorm Fernseher. Ab und zu darf sich Marius mit einer DVD, die ich ihm einlege, aufs Sofa zurückziehen. Das ist gut für mich und gut für ihn. Mein Puls geht dann ein bisschen langsamer, weil ich nicht befürchten muss, dass der zur Selbstüberschätzung neigende Dreijährige in unserem Haushalt irgendwo eine Katastrophe auslöst. Für Marius selbst ist das auch nicht schlecht, weil sein kleiner Körper sich erholen kann.

Jedenfalls guckt Marius am liebsten Bob-Geschichten. Bob kann alles. Er baut Häuser und Spielplätze und hat Bagger, die sprechen können. Bevor er an die Arbeit geht, fragt Bob seine Baumaschinen-Mannschaft: „Können wir das schaffen?" Die antwortet: „Jo, wir schaffen das."

Marius spielt nun am liebsten Baumeister. Wenn es zur Sache geht, nimmt er seinen Werkzeugkoffer und streift seine kleinen gelben Arbeitshandschuhe über: Daumen einfädeln und die übrigen Finger dorthin, wo Platz ist. Meistens bleibt mindestens ein Handschuh-Finger leer und hängt rum, was komisch aussieht. So repariert er alles, was kaputt sein könnte. Wirklich alles: Sein Spieluhr-Schaf hatte Bauchschmerzen. Also nahm Marius seine Bohrmaschine und bohrte so lange auf dem Schafbauch herum, bis das Tier beschwerdefrei war. Noch schlimmer traf es Wombel, seinen Kuschel-Hasen. Als Wombel sein Bein gebrochen hatte, reparierte Marius die Verletzung mit Hammer und Schraubendreher.

Neulich war ich mit meinem Sohn im Möbelhaus. Ich bestellte mir ein Bücherregal. Der Preis, den die Verkäuferin für

Anlieferung und Montage ausrief, nahm mir fast die Luft. Ich sah meinen Sohn an, überlegte, ob wir es lieber selbst zusammen schrauben sollten und dachte an Bob:

„Können wir das schaffen?"

„Jo, wir schaffen das!"

Natürlich. „Das schaffen wir selbst", erklärte ich der Verkäuferin.

Das Regal bestand aus sehr, sehr vielen Paketen, die mein Mann in seiner Mittagspause in unser Wohnzimmer stopfte und danach sicherheitshalber wieder auf Arbeit verschwand. Ich musste den echten Bob anrufen – meinen Vater. Diesen Urlaubstag vertrieben wir mit Akkuschrauber und Montage-Anleitung. Ich hielt die Bretter, mein Vater schraubte. Und umgekehrt. Zwischendrin bohrte und hämmerte Marius. Sieben Stunden lang.

Jämmerlich. Bob baut in zehn Minuten ganze Häuser.

Wer Kinder hat, entwickelt ungeahnte Fähigkeiten: Man kann den Tag überstehen, ohne groß etwas von der Nacht gehabt zu haben - und von der davor und der danach. Man lässt sich von Zeichentrick-Baumeistern ermuntern, selbst als Mutter mal zum Akkuschrauber zu greifen. Aber das Beste ist: Man kann sogar den Jahreswechsel verlegen.

61. Glückliches Mümmeln

Baby Jette lässt sich zu stark von Werbung beeinflussen. Sie saugt ausschließlich an Schnullern eines Herstellers, der auf der Verpackung offensiv für sein Produkt wirbt. Demnach bietet das Teil einen extra flachen Schaft mit fühlbarer Stufe, genügend Platz für die Zunge und – das Wichtigste – angenehmen Lutschkomfort.

Ich habe versucht, meine Tochter an andere Schnuller heranzuführen. Aber die wirft sie so weit weg, wie sie das mit ihren sechszehn Monaten eben kann. Mein Trost ist, dass sie sehr früh ein Bewusstsein für deutsche Produkte entwickelt hat. Das macht mich stolz, irgendwie: Meine Tochter steht auf Made in Germany.

Jette kann froh sein, dass sie nicht im Mittelalter geboren wurde. Damals konnten Babys nicht bestimmen, wie ihr Lutschteil beschaffen sein soll. Sie konnten nicht wählen, ob Silikon oder Kautschuk, Tropfenform oder ergonomisch-kieferfreundlich. Die Eltern bastelten Schnuller aus Leinentuch-Beutelchen. Sie füllten das Ganze mit Brot, tauchten es auch gerne mal in Branntwein und fertig.

Schon die Steinzeit-Babys suchten sich etwas zum Nuckeln. Mit ihren Ansprüchen hätte Jette damals alt ausgesehen. Sie ist nicht der Typ Baby, der ständig verstöpselt ist. Aber wenn sie Appetit verspürt, ruft sie „Mümmel", was Schnuller bedeutet. Jette besitzt drei Stück – rosa, blau und grün. Wenn ich sie ins Bett bringe, stecke ich ihr einen in den Mund und lege die anderen neben ihren Kopf. Sie tauscht prinzipiell aus. Stecke ich ihr den Blauen rein, spuckt sie ihn aus und nimmt den Grünen und so weiter. Die, die sie nicht braucht, umklammert sie am flachen Schaft. Nachts schleiche ich in ihr Zimmer, krieche unters Bett, berge abgestürzte Mümmel und lege sie wieder nebens Köpfchen.

Dass sie drei Stück besitzt, heißt nicht, dass wir sie an den allgemeinen Überfluss heranführen wollen. Mindestens einer ist meistens verschwunden. Manchmal an heimtückischen Orten, an denen ihn keiner vermutet. Der Blaue lag über Wochen in der Rücksitz-Türablage von Opa Siggis Auto. Nun suchte ich lange vergeblich nach dem rosa Saugteilchen. Es war weg. Ich wurde unruhig, weil ich befürchtete, bald würde der nächste Schnuller verschwinden. Dann bekam Jette ihr neues Lieblingsspielzeug, eine Dose Holz-Bockwürstchen. Sie schob eines der Würstchen unter den Wohnzimmerschrank, legte sich flach auf den Boden davor und rief „Mümmel". Man hörte ein leises Schmatzen und danach nichts mehr. Jette saß mit dem rosa Schnuller da. Und jetzt ist der blaue weg.

62. Bedrohliche Krallen

Ja, ich schäme mich für die Nägel meiner Kinder. Nicht immer, aber oft. Kleinen Kindern Nägel zu schneiden, ist so ziemlich die undankbarste Aufgabe von Eltern. Das kommt noch vorm Windelnwechseln und Essenlernen.

So ein Fingernagel soll angeblich pro Woche einen Millimeter wachsen. Bei meinen Kindern ist es gefühlt ein Millimeter pro Tag.

Bei Marius habe ich die Maniküre im Griff. Die Füße sind dagegen ein Albtraum – nicht die Füße selbst, sondern ihre Nägel. Jetzt waren sie wieder dran. Ich zog meinen Pulli aus und ein dünnes T-Shirt über, damit ich nicht allzu sehr schwitze, setzte mich auf die Stufe in unserem Bad und nahm meinen Sohn auf den Schoß. Wir spielten Nägel-Weitschnipsen: „Komm, wir probieren, welcher am weitesten fliegt: der von der kleinen oder der von der großen Zehe", versuchte ich, es ihm schmackhaft zu machen. Er fand die Idee gut, und so setzte ich entschlossen die Schere an. Kaum berührte ich den Fuß, zog er ihn weg und lachte. Er schimpfte, das würde doch zu sehr kitzeln und bat um Aufschub. Ich versuchte es am anderen Fuß und schaffte genau zwei Nägel. „Komm, wir singen was", sagte ich, um Marius abzulenken. Nach sechs Strophen „Meine Oma fährt im Hühnerstall Motorrad", zwei Strophen „Dornröschen war ein schönes Kind" und einmal komplett „Wischi-Wischi-Waschi" sahen die Füße wieder gut aus.

Jette würde sich lieber Krallen zulegen als Nägel schneiden lassen. Da hilft kein „Alle meine Entchen" mehr, weder an Füßen noch an Händen. Wenn ich mit der Schere komme, ergreift sie die Flucht. Also kapituliere ich regelmäßig nach zwei bis drei Nägeln, weil ich Angst habe, ihr versehentlich einen Finger abzuschneiden. Am nächsten Abend begebe ich mich erneut in den Nahkampf. Und wenn ich durch bin, sind die Ersten schon wieder bedrohlich lang.

Da passierte ein Wunder. Als ich meine Spezialschere ansetzen wollte, waren Jettes Nägel ordentlich gestutzt. Alle. Hatte meine Tochter sie abgekaut? Hatte mein Mann freiwillig ihre Maniküre gemacht? Beides hielt ich für unwahrscheinlich. Wie sich herausstellte, hatte Connie, also Jettes Tagesmutter, dem Elend vorübergehend ein Ende gesetzt. Sie hatte allen Tageskindern während des Töpfchen-Gangs die Nägel geschnitten. Und selbst Jette soll in der Gruppe ruhig gehalten haben.

Ich überlege jetzt, ob ich Connie zum Dank eine Schere schenke. Immerhin hat sie eine Marktlücke entdeckt, sie weiß das aber noch nicht.

63. Der Seismograf 💬

Aus Jette wird sehr wahrscheinlich eine große Künstlerin. Möglicherweise wird sie die erste deutsche Malerin werden, die bekannter ist als die Bundeskanzlerin und deren Bilder man später mal klauen wird.

Ich weiß, es klingt komisch, wenn Eltern von den Talenten ihrer Kinder prahlen. Meistens steckt nicht viel dahinter. Zumindest keine echten Talente, aus denen sich etwas machen lässt. Oft sind es ganz normale Kinder, die gerade ihre Freude an irgendetwas entdeckt haben. Bei meiner Tochter ist es jetzt die Malerei. Ich bin überzeugt, sie ist auf diesem Gebiet hoch begabt.

Wir weckten ihr schlummerndes Genie durch Zufall: Marius wollte malen. Er nahm sich sein Stifte-Täschchen aus dem Schrank, setzte sich an den kleinen Tisch in seinem Zimmer und kritzelte los. Als Jette das sah, ließ sie ihre Bausteine fallen und stapfte zu ihrem Bruder. Schwang sich auf den zweiten Mini-Stuhl und wimmerte so lange, bis Marius ihr einen Buntstift und ein Blatt gab. Von da an war Jette nicht mehr zu bremsen. Sie umklammerte den roten Stift, mal mit der rechten Hand, mal mit der linken, und zeichnete. Wie ein Seismograf pendelte der zeichnende Arm von rechts nach links, ohne Pause. Nach etwa fünf Minuten war ihr erstes Werk fertig.

Der naive Kunstbetrachter würde es als die Schmiererei eines Kleinkindes abtun. Ich als Mutter bin überzeugt, dass sich Jette etwas dabei gedacht hat. Sie zeichnete die Rastlosigkeit des Lebens. Die Wirren der Zeit, die Hektik, machte meine Tochter zum Thema ihres Werkes. Sie kehrt das nach außen, was sie in ihrem jungen Leben davon mitbekommt.

Ich erzählte einem Freund davon, der etwas von Kunst versteht. „Wenn nichts Eindeutiges erkennbar ist, kann man von abstrakter, moderner Kunst sprechen", erklärte er. Selbst für ihre Genügsamkeit, mit einer Farbe zu zeichnen, gibt es einen

Begriff: monochrom. Der Freund riet mir, Jettes frühe Werke aufzubewahren. Das mache ich. Ich werde sie aus dem Safe holen, wenn meine Tochter berühmt ist. Und dann werde ich einen Teil der Sammlung versteigern und dabei sehr, sehr reich werden. Einen Teil hebe ich zur Erinnerung auf. Habe ich schon erwähnt, dass mein dreijähriger Sohn schreiben kann? „Wir müssen deinen Namen in den neuen Pulli schreiben, wenn du ihn im Kindergarten anziehst", erklärte ich. „Hab ish shon", tönte Marius. Er hatte sich mit Kuli auf dem eingenähten Namensschild verewigt. Was aussieht wie aneinandergereihte Ms, ist seine Signatur.

64. Baby Wombel wird vier 💬

Eines Morgens wachte Marius vergnügt auf. Vergnügt betone ich, weil mein Sohn mich morgens in der Regel mit Knietscherei mobbt. Man sollte ihn nicht ansprechen, bevor er seine Milch getrunken hat. Marius erwachte jedenfalls gut gelaunt. „Wombel hat heute Geburtstag. Er wird vier", sagte er. „Herzlichen Glückwunsch, da bist du jetzt ein Großer", gratulierte ich Wombel und streichelte ihn.

Wombel ist das Kuscheltier meines Sohnes, ein Hase. Und er sieht nicht aus wie vier, sondern wie 90. Überall hat er Narben von unseren notdürftigen Nähten, sein Körper ist schlaff und ausgeblichen. Wombel hat unter Marius' Liebe gelitten. Und dass er vier ist, stimmt nicht. Er ist gerade mal drei.

Dieser kleine, von Liebe gezeichnete Hase gehört zu unserer Familie. Es gibt Tage, an denen macht Marius keinen Schritt ohne ihn. Wombel hat einen Platz an unserem Esstisch und einen gelben Teller, auf den Marius ihm Salat und Möhren legt. Allerdings bekommt er unregelmäßig Nahrung, etwa zweimal pro Woche. Auch wenn wir abends unser Würfelspiel machen, ist Wombel dabei. Er würfelt direkt nach Marius und hat sogar schon gewonnen. Und auf dem Weg zum Flughafen mussten wir schon umkehren, weil wir Wombel daheim vergessen hatten. Ein Urlaub ohne ihn – undenkbar.

Dass er Geburtstag hat, ist irgendwie logisch. Wir suchten ein Geschenk für ihn. „Er wünscht sich ein Kuscheltier, weil er noch ein Baby ist", erklärte Marius. Statt eines von sich zu opfern, verschwand er in Jettes Zimmer und kam mit einem giftgrünen Plüsch-Saurier zurück. Mir war das ganz gelegen, da Jette keine giftgrünen Sachen abschlabbern soll. Ich band dem Saurier eine Geschenk-Schleife um, und Marius überreichte ihn Wombel. Als Oma Gis anrief, lud mein Sohn sie zu Wombels Geburtstagsfeier ein.

Nachmittags stand sie mit Opa Siggi vor der Tür. In einer Hand ein Geschenk, in der anderen ein Kuchen. Der Plüschhase bekam von seinen Großeltern einen gelben Traktor geschenkt. Obwohl mir nicht ganz klar ist, ob meine Eltern auch die Großeltern der Kuscheltiere meiner Kinder sind. Wombel hatte jedenfalls einen schönen vierten Geburtstag und schlief abends friedlich mit Marius ein.

Ich machte mir Sorgen, als ich sie so schlummern sah. Wird Wombel seinen fünften Geburtstag erleben, wenn er jetzt schon aussieht wie 90?

65. Joachim und Inge

Wombels Zustand verschlechterte sich. Überall diese Löcher am Körper, manche groß wie Fingerkuppen. Wäre er ein Mensch, er wäre ein Fall für die plastische Chirurgie. Nun ist Wombel aber ein Kuschel-Hase und der beste Freund meines Sohnes.

Es gibt Kinder mit ausgeprägtem Kuscheltier-Fetisch. Ich habe gelesen, dass vor allem die Kinder dazu neigen, die mit ihren Gefühlen nicht wissen wohin. Also wählen sie sich ein Kuscheltier aus, das sie bereits besitzen, und beschließen, dieses Tier fortan zu lieben und zu verehren, egal wie vergammelt es aussieht. Marius hat diesen Fetisch. Und ich kenne noch mehr betroffene Kleinkinder. Unser Nachbarsjunge Julius zum Beispiel. Er hat immer eine Spieluhr bei sich, die Joachim heißt.

Ich vermute, bei der Spieluhr handelt es sich um einen Esel. Man kann das aber nicht mehr so genau sagen. Oder Jonah, der dreijährige Sohn meiner Freundin. Jonah braucht Inge, und Inge ist ein kleines, weißes Handtuch.

Inge zeigt nach wie vor keine Schwächen, was mich ein bisschen neidisch macht. Wenn ich sie sehe, denke ich an das von Liebe zerfressene Häuflein Elend bei uns daheim, das den Namen Wombel trägt. Oma Gis häkelte ihm eine blaue Hose. Doch das löste unser Problem nicht. Ich überlegte kurz, ob ich einen zweiten Wombel zum Ausschlachten kaufen sollte – brachte es aber nicht übers Herz.

Ich rief den Hersteller an, telefonierte mich bis zum Kundenservice durch und jammerte ihm die Ohren voll. Einen Tag später hatte ich Ersatzstoff im Briefkasten. Wer sollte das nun nähen? Ich bettelte im Puppenmuseum und blitzte ab: „Machen wir nicht", sagte der Mann.

Ich: „Aber im Internet steht, Sie reparieren Teddys und alles, was Ihren Kunden wichtig ist."

Er: „Nein, das wird nichts. Machen Sie es selbst – kaufen

Sie ein Neues." In diesem Moment war ich dankbar, nicht direkt in seinem Museum zu stehen. Ich konnte das Telefonat beenden und in aller Ruhe vor mich hin fluchen.

Ich brachte Wombel schließlich in eine Reinigung, in der auch Schneiderinnen arbeiten. Eine Frau in Oma Gis' Alter nahm den Stoff, piekste Wombel mit einer Stecknadel die Nummer 1097 ins linke Ohr und schickte mich weg. Hätte ich bei ihm bleiben und Pfötchen halten sollen? Zwei Stunden später der erlösende Anruf aus der Kuschel-Chirurgie: „Ihr Hase ist fertig."

Mein Sohn erwartete uns bereits daheim. Und umarmte Wombel mit aller Liebe. Ich sah den beiden zu und dachte an meinen Freund Thomas. Ob es bei Thomas und Teddy auch so angefangen hat? Thomas ist über fünfzig und schickte seinen Teddy im Paket allein nach München in den Urlaub. Das gibt es wirklich. Er hat das Kuscheltier-Urlaubsangebot im Internet gefunden.

66. Russendisko bei Mü

Juhu, man lädt uns noch ein! Wir waren jetzt zur Russendisko. Ohne Kinder, nur mein Mann und ich. Es war keine echte Russendisko, sondern der 40. Geburtstag unseres Freundes Mü. Und weil Motto-Geburtstagsfeiern im Trend liegen, beschloss er, mit russischer Musik älter zu werden.

Kleinkind-Eltern brauchen organisatorisches Geschick, um an solchen Veranstaltungen teilzunehmen – bei uns reichte ein bettelnder Anruf bei Oma Karla. Sie packte Zahnbürste und Nachthemd ein und halbes Kilo Leberkäse für die Kinder und eilte zu uns.

Jette zog sich beizeiten mit ihren Schnullern zurück. Sie setzte sich vor ihr Bett und wartete darauf, dass ich sie hineinhebe. Sie störte sich auch nicht weiter an meinem russischem

Kostüm: einem Häkeltuch und einer Blümchenjacke, die nach alten Sofa-Bezügen aussieht. Bei Marius war die Sache schon anders. „Is jetzt Fashing?" fragte er, als wir gingen. Es war nicht seine letzte Frage an diesem Abend. Er fragte Oma, wohin das dreckige Wasser fließt und warum sie alt ist. Nachdem Oma auch die Frage beantwortet hatte, warum es abends dunkel wird, schlief er ein. Und Oma schlummerte geduldig vor seinem Bett auf dem Fußboden.

Kurz nach zehn piepste sich eine SMS in mein Handy: „Beide Kinder schlafen, viel Spaß." Da saß ich gerade mit meiner Sofamuster-Jacke am Esstisch und bekämpfte mit Wodka die Müdigkeit – Marius war in der Nacht zuvor öfter wach gewesen.

Es waren Seeleute von der Schwarzmeerflotte da, eine Babajaga-Hexe, ein General in Originaluniform, russische Trinker und mehrere Vertreter der Moskauer Schickeria. Die Party war gut. Doch ich glaube, wir waren die ersten, die nach Hause gingen. Um uns ein paar Stunden Schlaf zu sichern: Gegen sechs erwachte Marius und rannte schreiend über den Flur – „Oooommaaa!" Die schnappte sich ihre Decke und stellte den Originalzustand vom Vorabend her, indem sie sich auf die Kinderliege vor Marius Bett legte. Dann schlummerten beide selig weiter.

Dummerweise war Jette von dem Lärm wach geworden. Und leider auch munter, weil sie sich ja beizeiten in die Nachtruhe verabschiedet hatte. Also standen mein Mann und ich auf – geteiltes Leid ist halbes Leid. Er holte Brötchen vom Sonntagsbäcker, wir warteten.

Halb neun. Jette bekam einen Hunger-Ast und wir beschlossen, schon mal zu frühstücken. Es wurde um neun. Halb zehn. Um zehn trampelte es im Flur. „So lange habe ich noch nie geschlafen", sagte Oma vergnügt. Sie sahen beide sehr, sehr ausgeschlafen aus. Wir nicht.

67. Achtung, Terror! 💬

Manchmal ist unsere klassische Zweikind-Modellfamilie ein Terroristen-Camp. Solche Tage beginnen morgens mit energischen Schreien, die aus Richtung Brotschneide-Maschine kommen – dort stehen die Babyphone: „Maaammaa! Hoool mish!!!" Das bedeutet Unheil. Der Chef will aufstehen, hat aber dummerweise nicht ausgeschlafen. Bei Dreijährigen im Haushalt kann das gefährlich werden für Eltern.

Ich gehe zu Marius, hebe ihn aus dem Bett und will ihn anziehen. „Nish die Strumpfhose", schimpft er und wühlt im Kleiderschrank. Eine blaue mit Marienkäfer wählt er aus. Und Unterwäsche mit Hubschrauber. Okay, wenn es dem Frieden dient. Schließlich muss ich zur Arbeit, und im Wohnzimmer räumt Jette sehr wahrscheinlich gerade Schränke aus oder wühlt in Blumenerde, während mein Mann sich im Bad aufhält.

Wir gehen ins Wohnzimmer. Alles in Ordnung dort, Jette ist mit Papa ins Bad gestapft und räumt das Wasserspielzeug-Körbchen aus. Marius sieht auf dem Sofa eine beigefarbene Strumpfhose mit Hundebildchen liegen, die seit Tagen auf jemanden wartet, der sie flickt. „Die will ish anziehen." „Nein, du hast dich für die Blaue entschieden, und die hier ist kaputt", sage ich. Dicke Luft, so dick, dass man sie schneiden könnte. Marius weint sehr, sehr große Tränen. Während ich versuche, hart zu bleiben, kommt mein Mann aus dem Bad und nimmt seinen weinenden Sohn in den Arm. „Ish will doch die Wauwau-Strumpfhose anziehen", winselt Marius. „Wir nähen sie zusammen", antwortet Papa. Ich: „Nein, tu das nicht! Er tanzt uns auf der Nase herum." Noch mehr dicke Luft. Fünf Minuten später ist der Wutherd zufrieden und nibbelt seine Milch.

Nächste Hürde im Terroristen-Camp: irgendwie Frühstücken. „Ish ess nish", stellt Marius klar und rennt durchs Zimmer. Mich geht das jetzt nichts mehr an, weil ich Jette zur Ta-

gesmutter bringen und ins Büro muss. Während wir ins
Auto steigen, klettert Marius mithilfe eines Stuhls auf seinen
Lieblingsplatz, auf die Küchen-Arbeitsplatte am Fenster. Er
winkt uns von dort aus zu und kaut dabei sein Leberwurst-
brot. Offenbar hat mein Mann das Frühstück des Friedens
Willen dorthin verlagert.

Nachmittags im Kindergarten. Als mich mein Sohn im Tür-
rahmen stehen sieht, lässt er alles fallen, rennt zu mir und
umarmt mich. Manche Terroristen muss man einfach lieb
haben.

**Manchmal musst du ganz stark sein, wenn du Kinder
hast. Stärker als der Papa von Pipi Langstrumpf, stärker als Bob und vor allem stärker als deine Kinder.**

68. Weißkittel-Krankheit 💬

Jettes Albtraum ist blond und trägt einen weißen Kittel: Meine
Tochter hat ein Problem mit unserer Kinderärztin. Sobald
Jette sie sieht, quickt sie wie ein Ferkel auf der Schlachtbank.
Obwohl es keinen Grund gibt.

Oma Gis vermutet, dass ihre Enkelin an der Weißkittel-
Krankheit leidet. Die habe sie schließlich auch, und womöglich
hat sie Jette damit angesteckt. Das heißt, sie hat Angst vor
Menschen in weißen Kitteln, also vor Ärzten. Bei Oma Gis
macht der Blutdruck hoch, wenn sie zum Arzt muss. Bei Jette
auch – und dazu noch die Stimme.

Ich schickte meinen Mann mit ihr zum Impfen und erwähnte
beiläufig, dass Jette keine Spritzen mag. Als sie nach Hause
kamen, schluchzte unsere Tochter immer noch.

Nachts wachte sie auf und schrie. Sie hatte vermutlich vom
Kinderarzt geträumt. Ich streichelte sie, nahm sie mit in mein
Bett, doch nichts half. Jette schrie und schrie. Also standen

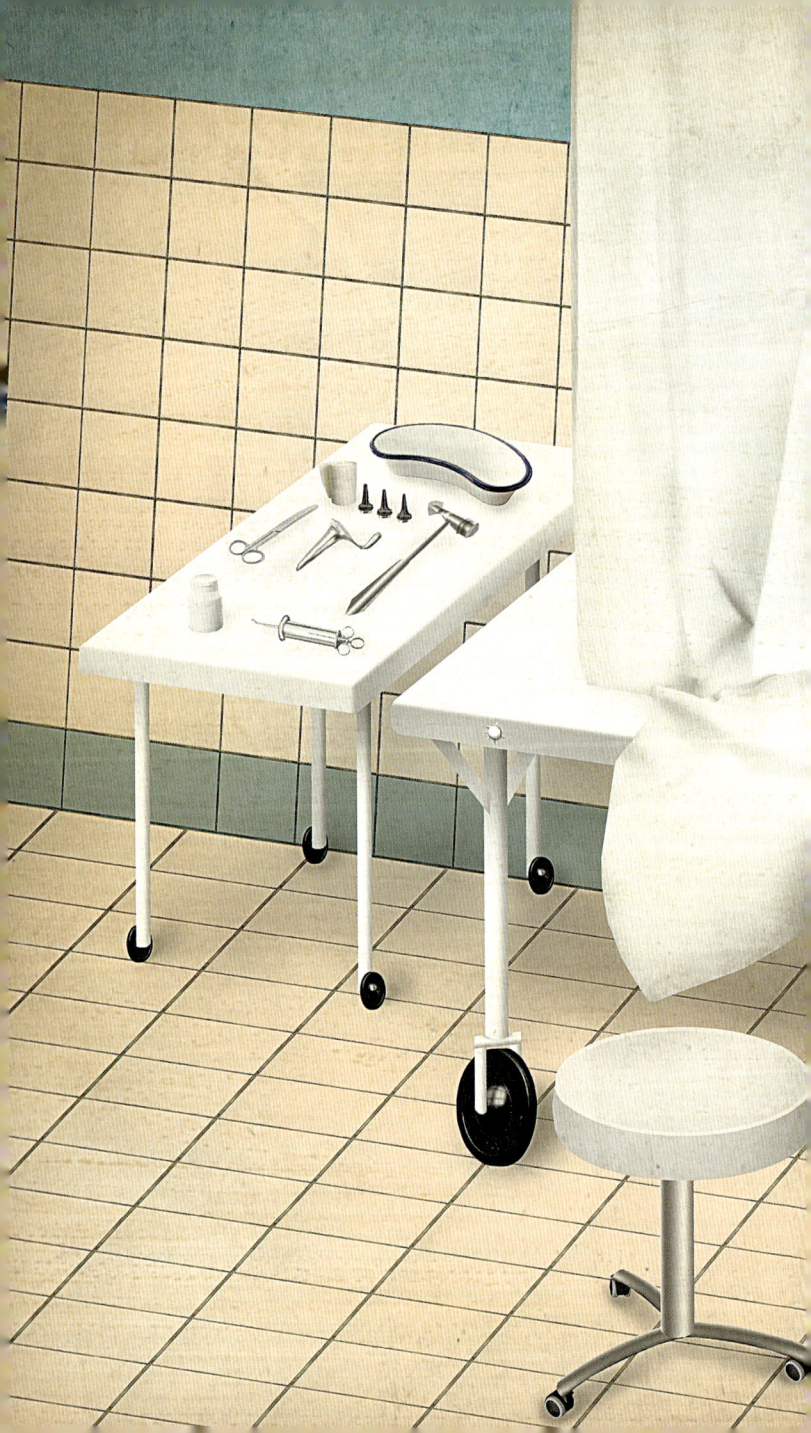

wir auf und spazierten durchs Wohnzimmer. Ich immer schön am Jette-schuckeln. Nur wenn ich sie schaukelte, blieb sie still. Erschöpft setzte ich mich aufs Sofa, und sie schrie weiter. Ich schaltete den Fernseher ein, um sie abzulenken. Im Kinderkanal kam „Bernd, das Brot". Das ist dieses griesgrämige Kastenbrot mit den viel zu kurzen Armen, das zum Sendeschluss in der Endlosschleife läuft. Ich weiß jetzt, warum Bernd einmal von seinem Stammplatz in Erfurt entführt wurde: Bernd kann nicht schauspielern und ist wirklich nicht witzig – und Jette schrie noch mehr. Wenigstens fällt sie nicht auf zweifelhafte Brote rein, die im Fernsehprogramm zum Löcherstopfen herhalten müssen. Also liefen wir weiter durchs Wohnzimmer. Am frühen Morgen schlief sie auf meinem steifen Arm ein.

Eine Woche später gingen wir wieder zum Kinderarzt, weil Jette fieberte. Mir tat nicht meine Tochter Leid, sondern ihre Ärztin: Jette quiekte sie an. Dabei bekam sie nicht mal eine Spritze. Sie zögerte sogar, ein Tröste-Gummibärchen von ihrer Ärztin anzunehmen. Am Ende wollte Jette unbedingt ihren Terminzettel für den nächsten Besuch selbst tragen. Warum nicht, wenn's glücklich macht?

Wir gingen in die Apotheke und lösten ihr Rezept ein. Und während ich am Tresen stand, drückte sich Jette am Spieltisch herum. Als ich fertig war, nahm ich sie auf den Arm. Jette lächelte zufrieden: Sie hatte ihren Termin-Zettel heimlich unter dem Spieltisch verschwinden lassen. Meine 17 Monate alte Tochter wollte mich austricksen. Und das nur, weil Oma Gis sie mit ihrer Weißkittel-Krankheit verrückt gemacht hat. Ich hoffe sehr, dass unsere Kinderärztin keine Angst vor Jette bekommt.

69. Bitte nicht Cowboy 💬

Ich habe überlegt. Habe im Internet nach Ideen recherchiert. Und ich habe mit dem Gedanken gespielt, selbst etwas zu basteln, das aber ganz schnell verworfen, weil ich nicht basteln kann.

Tatsache ist, dass ich aus meinen Kindern zu Fasching weder Cowboy noch Prinzessin machen will. Denn Cowboys wollen Pistolen und Prinzessinnen sind eingebildet. Das fand ich schon früher, weshalb das Rotkäppchen-Kostüm für mich das höchste der Gefühle war. Rotkäppchen hat etwas heroisches. Sie ist immerhin als kleines Kind allein durch den Wald gelaufen, wenn das auch nicht besonders gut ausging. Eigentlich hätte ich es Marius und Jette selbst überlassen können, sich ein Kostüm zu suchen. Sie haben Übung im Verkleiden.

Mein Sohn zum Beispiel verkleidet sich sehr gern als Badehose. Er holt sich Jettes pinkfarbene Windel-Badehose aus dem Schub und setzt sie wie eine Kappe auf den Kopf. Oder er verkleidet sich als Jette, indem er ihre Mütze trägt und ihre Sabber-Tücher umbindet. Jette wiederum macht gerne mal einen auf Papa. Sie nimmt die Mütze ihres Vaters, weil das die einzige ist, die sie sich selbst aufsetzen kann, und verschwindet darunter. Oder sie stolpert als Baseball-Star durchs Wohnzimmer. Das sind Leute, die mit viel zu großen Handschuhen kleine Bälle fangen wollen. Um so auszusehen, steckt Jette ihren kompletten linken Arm in einen Winterhandschuh meines Mannes. Einen kleinen Ball hat sie sowieso meistens bei sich - und fertig ist ihr Kostüm.

Ich könnte meine Kinder auch als Schweinchen zur Faschingsparty schicken. Dafür müsste ich ihnen nur beim Essen freie Hand lassen und sie unmittelbar danach beim Kinder-Karneval abgeben. Natürlich werde ich das nicht tun. Also suchte ich weiter nach geeigneten Kostümen. Im Internet stieß ich auf Sandmann- und Pittiplatsch-Ausrüstungen und versuchte, mich mit dem Gedanken anzufreunden. Als ich soweit war, waren die Kostüme ausverkauft. Mein Mann reagierte gereizt, als ich betrübt vor meinem Computer saß und weiter nach Verkleidungen suchte: „Selbst schuld. Nie kannst du dich entscheiden."

Nun muss Marius als Panda-Bär gehen und Jette als Marienkäfer. Ich bin mir noch nicht ganz sicher, ob die Wahl gut war. Werden die anderen Kinder erkennen, dass mein Sohn ein Panda sein soll? Pandas sind die seltensten Tiere überhaupt. Die Umweltstiftung WWF hat den tapsigen Exoten deshalb zum Symbol ihres Logos gemacht. Marius geht also mit einer intellektuellen Botschaft zum Fasching, die sich Dreijährigen noch nicht so ganz erschließen wird.

Sein Kostüm hat, wenn ich so darüber nachdenke, sogar zwei Botschaften: Der Panda lebt in China, und dort werden sehr wahrscheinlich auch alle Faschingskostüme genäht. Vielleicht hätte ich lieber nicht so viel nachdenken und meinen Sohn selbst die Verkleidung aussuchen lassen sollen.

70. Gib uns Gummi

Ich schmierte gerade Schnittchen fürs Abendbrot, als mein Handy klingelte: eine Dienstnummer, vermutlich ein wichtiges Gespräch. Dummerweise ist so etwas meinen Kindern egal. Und wenn sie müde und hungrig sind, dann erst recht. Jette tapste wimmernd durch die Küche. Marius schubste sie um, Jette schrie und zog ihn am Pulli, und dann schrien beide. Ich verstand nichts von dem, was mein Kollege sagte. „Moment, gleich wird Ruhe sein. Ich gebe den Kindern Gummibärchen", erklärte ich übers Telefon. Mir ist klar, dass das pädagogisch eine Grauzone ist. Doch Gummibärchen stiften Frieden und verbinden: „Meine Tochter hat jetzt auch Gummibärchen für sich entdeckt", sagte mein Kollege, dessen Kleine ein bisschen älter ist als Jette. Erfolgreich hatte er monatelang verhindert, dass das Kind Süßes bekommt. Bis Freunde das Mädchen auf Gummibärchen-Droge setzten. Sie entwickelt sogar Wut, wenn ihr einer die Dinger vorenthält, erklärte er.

Noch so ein armes Kind, dachte ich. Es erinnerte mich an Fabian, den Sohn meiner Freundin Betty. Fabian wird bald zwei und hat vor wenigen Tagen bei mir das erste Gummibärchen seines süßen Lebens gegessen. Fabian war sehr, sehr glücklich. Abends bekam er von mir dann ein Stück Pizza. Wir wurden gute Freunde. „Er kann noch genug Süßes essen", erklärte mir Betty, weshalb sie ihren Sohn bisher fern hielt. „Still seinen Appetit, dann bleibt ihm der Heißhunger erspart", riet ich ihr, während sie die kleine Gummibärchen-Tüte, die ich Fabian geschenkt hatte, in ihrer Hosentasche verschwinden ließ. Marius beobachtete das entsetzt und gab dem Jungen ein Bärchen aus seiner Tüte.

Sehr wahrscheinlich wird Fabian jetzt eine ähnliche Wut entwickeln können wie die Tochter meines Kollegen. Ich wollte ihn nicht süchtig machen. Ich hatte nur nicht bedacht, dass er das erste Kind meiner Freundin ist. Der Trend unter Erstlings-Eltern geht heute dahin, Kleinkinder auf Diät zu setzen. Zu trinken gibt's Wasser, zum Naschen Reiswaffeln, Apfelschnitze oder allerhöchstens mal einen Riegel aus Press-Früchten. Das alles ist gesünder als Gummibärchen, denn drei Stück sind so süß wie ein Würfelzucker. Die armen Zähne! Gummibärchen bestehen aus Gelatine, und die wiederum ist aus Tierhaut und Tierknochen gemacht. Widerlich. Trotzdem macht das Gummibärchen seit fast 90 Jahren Karriere.

Ich weiß das deshalb so genau, weil mein Sohn Marius mindestens eineinhalb Jahre auch nur Reiswaffeln knabbern durfte. Damals habe ich alles Schlechte über Süßigkeiten recherchiert, auch über Gummibärchen.

Und habe ich schon erwähnt, dass ich nur Bio koche?

71. Feuchte Küsse 💬

Krabbelnde Kinder sind für meine Tochter die leichteste Beute. Jette steuert auf den Krabbler zu, öffnet ihre Lippen, bückt sich und drückt ihm mit geöffneten Lippen einen feuchten Kuss aufs Gesicht. Die Stelle ist ihr egal. Sie küsst Nasen, Augen, Wangen, Ohren, Haare und Münder. Dann nimmt sie den Krabbler in Würgegriff und küsst noch einmal, was bedeutet, dass sie ihn gern hat. Manchmal ergreift das Krabbel-Kind die Flucht, wenn Jette zu aufdringlich wird.

Jette hat gerade Küssen gelernt. Seit sie das kann, ist nichts mehr sicher vor ihrem sabbernden Mund. Puppen, Plüschtiere, verzückte Omas und Opas.

Ich habe es noch nicht übers Herz gebracht, Jettes Großeltern zu erklären, dass sie diese Küsse nicht überbewerten sollten. Denn sie küsst alles. Neulich hatte meine Tochter einen braunen Bart: Sie hatte die Erde geküsst und nebenbei mal davon gekostet. Selbst Hugo, unser Meerschweinchen, muss in unbeobachteten Momenten herhalten. Jette küsst sich munter durch die Welt und lässt sich nur bremsen, wenn ich sie festhalte. Auf diese Weise verhindere ich, dass sie beim Spazierengehen ihre feuchten Lippen auf feuchte Hundeschnauzen drückt.

Ich weiß nicht, ob ich mir deswegen Sorgen machen muss. Es soll ja gut sein für die Abwehr, wenn ein Kind nicht klinisch steril aufwächst. Demzufolge dürfte meine Tochter nie krank sein, was so nicht ganz stimmt, aber ihrer Fitness ziemlich nahe kommt. Marius bestätigt diese Theorie auch. Er ist für jeden Virus ein dankbarer Wirt.

Wahrscheinlich, weil er zu wenig küsst. Während sich Jette ungezügelt durch die Welt schmatzt, hält sich Marius zurück. Er war noch nie der Schmusi-Typ. Wenn er mich abends beim Schlafengehen umarmt, japse ich anschließend nach Luft. Marius drückt mit aller Kraft. Mein Sohn ist eben ein Mann. Küsse wischt er sich aus dem Gesicht und schimpft: „Nich machen!" Doch seit seine Schwester küsst, ist er nachgiebiger geworden. Abends sieht das jetzt so aus bei uns: Er dreht meinen Kopf zuerst nach links, streicht die Haare beiseite und küsst meine Wange. Das Gleiche macht er mit der rechten Seite. Wenn ich aus tiefer Dankbarkeit heraus versehentlich zurück küsse, schimpft er: „Du sollst mich nich düssen!" Und mit einem Wisch ist alles weg. Manchmal sogar die gute Stimmung.

Eines Morgens habe ich ihn erwischt. Ich beobachtete, wie er im Kindergarten zu seiner Erzieherin lief und sich einen Begrüßungskuss abholte, indem er seine Wange hinhielt. Kein Wischen, kein Schimpfen. Ich war gekränkt. Abends stellte ich meinen Sohn zur Rede: „Warum darf dich Ramona küssen und ich nicht?" Und Marius klärte mich auf: „Na, die Ramona düsst nicht so feust wie du."

72. Brösel für alle

Sind Fälle bekannt, in denen Eltern mit ihren Kindern bei Restaurant-Besuchen vor die Tür gesetzt wurden? Wundern würde es mich nicht. Natürlich würde ich schimpfen und klagen bis in die letzte Instanz, wenn es uns träfe. Aber, wie gesagt, ich würde mich nicht wundern. Auch ich weiß Ruhe und Sauberkeit zu schätzen.

Wir waren für ein verlängertes Wochenende mit Marius und Jette verreist. Ein kinderfreundliches Hotel, Halbpension, großes Buffet, Kinderstühlchen. Doch so viel Mühe sich das Personal auch gab: Unsere Kinder können binnen weniger Minuten ein ganzes Zimmer verwüsten, bei einem Frühstückstisch geht das viel schneller. Jette fütterte mit ihrem Milchbrötchen imaginäre Enten: Sie machte Brösel und warf sie auf den Boden. Aus ihren Bananenstücken machte sie Mus, aus den Apfelschnitzen lutschte sie nur den Saft und gab den Rest den nicht vorhandenen Enten.

Marius war so glücklich über das Arrangement aus gefalteten Servietten auf dem Tisch, dass er sofort alle einsammelte und bei sich als Platzdeckchen ausbreitete. Dann bediente er sich am Buffet bei den Papier-Lätzchen und schaufelte eine Schüssel bis zum Rand mit Cornflakes voll. „Das ist doch nicht normal, wie sich unsere Kinder beim Essen benehmen", schimpfte mein Mann und schaute neidisch zu anderen Tischen, an denen friedlich essende Kinder saßen. Ich biss verärgert in mein Brötchen, während ich den Rest von Jettes Milchbrötchen einkassierte. Weil Jette daraufhin weinte, hob ich sie aus ihrem Stuhl. Sie irrlichterte durch das Restaurant. Es grenzt an ein Wunder, dass die Kellnerin nicht über die wandelnden 80 Zentimeter namens Jette stolperte.

Abends das gleiche Spektakel, nur mit anderem Essen. Ich graste mit Marius das Buffet ab. Nahm ihn auf den Arm und öffnete für ihn jeden einzelnen Warmhalte-Behälter. Und bei jedem schüttelte er den Kopf und sagte: „Das nich!" Ich bin erstaunt, dass unsere Kinder an diesem Wochenende nicht verhungert sind und Marius seitdem fast täglich erklärt, wir müssten mal wieder in einer Gaststätte essen. Wahrscheinlich hat die Spielecke des Hotel-Restaurants schöne Erinnerungen in seinem Kopf hinterlassen.

Die Spielecke – ein Indiz, dass Kinder willkommen sind. Skeptisch muss man dagegen sein, wenn an der Eingangstür das Bild eines durchgestrichenen Kinderwagens klebt. Das gibt's wirklich. In manchen deutschen Großstädten wird über solche Schildchen ein Kulturkampf zwischen Kinderlosen und Familien ausgetragen.

Bei unserem letzten Hotel-Frühstück saß eine Familie mit drei kleinen Kindern am Nachbartisch. Ich schaute zufrieden zu, wie der Jüngste Brötchen zerbröselte und der Mittlere seine Schüssel mit Cornflakes überfüllte.

73. Monster und Löwen 💬

Es gibt Sachen, die ich gut finde, von denen mein Sohn allerdings nicht viel hält. Schlafen zum Beispiel. Das heikelste Thema des Abends. Bevor Marius ins Bett steigt, muss er noch verschiedene Dinge ansprechen, die er auf dem Herzen hat. Zum Beispiel warum es sein muss, jeden Tag frische Schlüpfer anzuziehen. Und er muss mehrfach pullern.

Neuerdings bittet er mich, Bettvorleger zu spielen. Wenigstens eine Minute soll ich mich auf die Matratze vor seinem Bett legen, wobei seine Vorstellungen von einer Minute mit der Realität nicht viel zu tun haben. Ich lehne jedenfalls ab und sage, dass ich bald wieder nach ihm schauen würde.

„Da ist ein Monster und ein Löwe", wimmert er und zeigt auf mehrere Ecken in seinem Zimmer. Manche Monster habe ich schon mit der Fliegenklatsche verjagt, aber bei Löwen nimmt mir Marius das nicht ab. Also trage ich den Löwen vor die Tür und stürze mich auf die Hausarbeit. Es dauert nicht lange, bis es vor der Wohnzimmertür poltert. Die Monster sind das nicht, sondern Marius. Er sitzt im Flur auf seinem kleinen Stuhl und lutscht an einem Stofftaschentuch. „Da sind immer noch Monster", erklärt er. Eine Weile geht das so, bis die Monster ihn schlafen lassen.

Ich finde noch andere Sachen gut, die mit Schlafen zu tun haben und die mein Sohn abschaffen würde. Zum Beispiel, dass Kinder eigene Betten haben und nachts nicht bei ihren Eltern rumliegen müssen. Marius hat einen Dreh gefunden, wie er bei uns doch Asyl findet: Er knipst am sehr, sehr frühen Morgen Licht im Flur an und weint. Also nehme ich ihn mit in mein Bett, bevor Jette auch noch aufwacht. Mit einem seligen Lächeln im Gesicht schläft er in der Besucherritze ein. Das bedeutet aber nicht, dass bis auf Weiteres Ruhe ist bis zum Morgen. Mein Sohn ist Gelegenheitsschnarcher. Er drängt sich so dicht an mich heran, dass ich mit Mühe am Bettrand Balance halten kann und nicht abstürzte. Dann schnarcht er mir in die Ohren. Das Problem ist, ich kann nichts dagegen tun. Wenn mein Mann schnarcht, stoße ich ihn an, bis er aufhört damit. Aber er ist ja auch ein Mann. Bei Marius geht das nicht. Also liege ich wach und hoffe, dass es mit dem Schlafen vielleicht doch noch klappt. Tut es aber nicht. Deshalb nehme ich meinen Sohn behutsam auf den Arm und lege ihn in sein Bett.

Es gibt auch Dinge, von denen wir beide nicht viel halten. Und dazu gehört es, nach so einer Nacht viel zu früh aufstehen zu müssen. Wir lassen Marius dann länger schlafen als gewöhnlich. Trotzdem schimpft er und weigert sich, sein Bett zu verlassen. Abends will er nicht rein, morgens nicht raus – da soll man als Mutter mitkommen.

74. Wir malen die Nonne

Wir sollten mit unseren Kindern nach Frankreich fahren. Als eine Art Studienreise für Jette. Meine Tochter spricht nämlich Sächsisch mit französischem Akzent, was zum Beispiel so klingt: Sie sagt nicht „Hallo“, wenn sie jemanden grüßt, sondern sie ruft dann mit einem einladenden Lächeln ein lang gezogenes „Alloooo“. Und das ruft sie jedem hinterher, dem sie begegnet. Was wiederum nicht sehr französisch ist, aber egal. Seit Jette sprechen kann, klingt die deutsche Sprache viel schöner in meinen Ohren – auch wenn Jette keiner außer mir versteht. Vielen Worten verleiht sie eine französische Eleganz. Oma, Opa – das klingt doch unvollständig, wenn man mal länger darüber nachdenkt. Also sagt Jette „Moma“ und „Popa“, während sie ihren Bruder Marius als „Mamo“ bezeichnet. Die Sonne ist bei ihr eine „Nonne“, was wiederum ein Sammelbegriff für sämtliche Himmelskörper ist. Jette sagt, was sie möchte. Ihr ist nach Gummibärchen? Jette ruft „Dette Mummi“.

Sie gehört nicht zu den Kleinkindern, die mit dem Reden lieber bis zum zweiten Geburtstag warten. Ihr Cousin war so einer. Er schwieg sehr, sehr lange. Dann wurde ihm klar, dass sein Mund nicht nur zum Essen da ist. Aber Jette ist eben eine kleine Frau. Sie muss reden, immerzu.

Seit meine Tochter sechs Zähne hat und ein bisschen sprechen kann, möchte sie mit dem Begriff „Baby" nicht mehr in Verbindung gebracht werden. Als Mutter fühlt man das. Sie beharrt darauf, nicht mehr im Kinderwagen durch die Gegend geschoben zu werden. Ich vermute, das ist ihr peinlich. Neulich hat sie beschlossen, Auto fahren zu lernen. Bisher war ihr rotes Bobby-Car immer an das ihres Bruders angebunden, sodass sie nur lenken musste. Marius war die Zugmaschine, Jette der erste Anhänger, und hinten hing meistens ein Holz-Kipplaster, auf dem Meerschwein Hugo mitfuhr.

Selbst das ist Jette zu kindisch geworden. Sie setzte sich auf ihr Auto und fuhr lange Zeit nur rückwärts. Ihre kleinen Ausflüge endeten stets an irgendeinem Schrank, den sie nicht sehen konnte. Eines Tages aber rief sie „Auto", schwang sich geschmeidig auf ihr Bobby-Car und drehte wie ein kleiner Gott Runden. Ich habe ihr jetzt auch klar machen können, dass die Dinger im Gesicht keine Fahrzeuge sind: Die Augen nannte sie monatelang ebenfalls Auto. Doch da ging mir Jettes neue Muttersprache zu weit.

Meine göttliche Tochter erklärt sich in jeder Lebenslage. Und so tippelt sie nach dem Abendessen zum Fernseher, dreht sich im Kreis, hebt ihr Stimmchen und piepst „Ma-Mann, Ma-mann". Das heißt, Jette möchte das Sandmann-Lied sehen und dazu tanzen. Danach ist sie zufrieden und erklärt „Dette alle" – Feierabend für heute: Jette will ins Bett.

75. Ein Hase gibt Gas 💬

Wer kam eigentlich auf die schräge Idee, dass zu Ostern ein Hase bunte Eier versteckt? Für Marius stellen sich da mehrere Fragen. Die Wichtigste: Was soll das? Und Zweitens: Wie transportiert so ein kleines Tier so viele Eier heil in die Gärten? Oma Gis meinte es gut und wollte zur Aufklärung beitragen. Sie sagte meinem Sohn, der Osterhase komme mit einem Auto. Doch schon Dreijährigen fällt es schwer, solche Geschichten zu glauben – ein winziger Hase am Steuer eines Autos. Als Marius länger darüber nachgedacht hatte, kam er zu dem Ergebnis, dass Oma Gis wahrscheinlich ein Bobby Car meinte, also ein Rutsche-Auto für kleine Kinder. Der Osterhase könnte sich einen Anhänger ans Bobby Car kuppeln, auf dem er seine Eier transportiert. Das schont außerdem den Rücken. Das ist die aktuellste, für meinen Sohn schlüssige Theorie zum Thema Osterhase. Doch sie schwächelt an einer entscheidenden Stelle: Bobby Cars sind laut. Würde der Osterhase damit fahren, würde er auffallen. Seine Legende, heimlich und unsichtbar Osternester zu verstecken, wäre futsch.

Ich habe beschlossen, der zweifelhaften Geschichte von Oma Gis vorerst nicht zu widersprechen. Denn bei der Wahrheit über den Osterhasen sind sich nicht mal die Erwachsenen sicher. Es könnte an seiner Gebärfreudigkeit liegen, dass er seit ein paar Jahrzehnten neben dem Ei der populärste Osterbote ist: Weil er schon so früh im Jahr Junge bekommt, wurde er zum Symbol von Auferstehung und Fruchtbarkeit. Vielleicht ist das der Grund.

In unserer Familie sind Talente breit gestreut. Dafür kann zwar der Osterhase nichts, aber ich bin sehr dankbar. Marius und Jette haben eine Tante, die noch lieber bastelt als meine Kinder. Also besuchte sie uns zum Osterbasteln. Sie hatte die Idee, Eier zu marmorieren – als Kontrast zur eintönigen Färberei. Ganz aufgegangen ist diese Idee nicht. In unserem Wohnzimmer und auf der Terrasse stecken jetzt geschätzt 50 blaue Eier auf Holzstäbchen in der Blumenerde. Die wenigen roten dazwischen fallen nicht ins Gewicht. Zwar hatte Tante Nicole sehr viele Farben dabei, doch für meinen Sohn gibt es nur blau. Die roten Eier sind ein Kompromiss gegenüber seiner Schwester. Er hat beschlossen, rot sollte ihre Lieblingsfarbe werden. Außerdem erhält jedes Frühstücksei bei uns einen blauen Anstrich mit Eier-Filzstiften.

Eine Frage bleibt. Warum versteckt ein Hase Eier? Meinen Kindern den Zusammenhang zwischen Eiern und dem Sinn des Osterfests zu erklären, das hebe ich für später auf. Also belasse ich es bei einer Notlüge: Wir müssen für den Hasen Möhren in den Garten legen, damit er nach dem langen Winter wieder zu Kräften kommt. Und er bedankt sich mit kleinen Geschenken.

76. Der kleine Müll

Es war einmal ein sehr schlauer Mensch, der begann, kleine Taschen in die Hosen zu nähen. Ich habe keine Ahnung, wie dieser Mensch hieß. Habe auch nicht weiter nachgeforscht, denn so weit geht meine Liebe zur Hosentasche nun auch wieder nicht. Aber ich bin dem Erfinder von Herzen dankbar. Jahrzehntelang trug ich Hosen, ohne mir jemals Gedanken über den Sinn der Hosentaschen gemacht zu haben. Heute weiß ich es: Hosentaschen sind kleine Müllbeutel. Gestern, als ich meine Jeans zur Dreckwäsche legte, pulte ich aus jeder ihrer Taschen eine kleine Portion Abfall. Gerade so viel, dass es keine Beulen bildet an entsprechenden Stellen. In den Gesäßtaschen steckten alte, zerknitterte Einkaufszettel, und bei den vorderen Taschen hatte ich es über längere Zeit versäumt, Bonbon-Papier und leere Gummibärchen-Tüten zu entsorgen.

Seit ich Kinder habe, verkomme ich zur wandelnden Mülltonne. Ich stecke alles in die Hosentaschen, was sie mir in die Hand drücken und klein genug ist. Erschwerend kommt hinzu, dass Müll sammeln Jettes neues Hobby ist. Das ist ein bisschen eklig, aber nicht immer zu verhindern. Ich habe schon überlegt, ob sie sich damit bei der örtlichen Abfallwirtschaft wenigstens ein paar Cent verdienen könnte – als Taschengeld. Doch mit ihren 19 Monaten darf sie nur ehrenamtlich Müll sammeln.

Jede Wollmaus, die sie daheim erwischt, schafft sie pflichtbewusst zum Mülleimer. Das sieht so aus: Jette streckt die Hand mit der Wollmaus nach vorn, spreizt den kleinen Finger ab und stapft Richtung Kübel. Leider ist nicht immer ein Abfalleimer greifbar. Beim Spazierengehen fand Jette eine Bierflaschen-Krone, die sie entsorgen wollte. Keine Tonne in der Nähe – also schenkte sie den Stöpsel mir. Da es mir peinlich war, das Ding wieder auf die Straße zu werfen, stopfte ich es in meine Hosentasche.

Marius hat auch immer was beizusteuern. Zum Beispiel ein Pflaster, das er sich nach fünf Minuten Wundheilungszeit vom Finger zieht. Beim Wäschewaschen habe ich immer über meinen Mann gestaunt: Wie schafft er es, seine Hosentaschen so sauber zu halten? Es war mir ein Rätsel, bis ich ihn einmal beobachtete. Mein Mann ist penibel, und in unseren Kinderzimmern liegt roter Teppichboden, auf dem jedes Fussel gut zur Geltung kommt. Er pickte Krümel vom Teppich – zu wenig zum Staubsaugen – und machte Anstalten, sie in die Hosentasche zu stecken. Ganz kurz nur. Dann versenkte er sie im Blumentopf.

77. Außer Kontrolle 💬

Erziehen – was heißt das? Ich suche seit drei Jahren nach der Antwort. Warum gibt es zur Geburt jedes Kindes keine Bedienungsanleitung? Ein Büchlein, in dem steht, wie ich mich die nächsten 20 Jahre verhalten sollte? Am besten mit Rücksicht auf individuelle Eigenschaften?

Tatsache ist, dass ich ratlos bin, manchmal: Wenn Marius schreit, weil er vor dem Frühstück keine Schokolade bekommt. Wenn er an seiner Schwester Jette Selbstverteidigung übt und sie dabei so sehr zwickt, dass sie vor Schmerzen weint. Wenn er nicht bereit ist, seinem besten Freund Julius im Sandkasten eine von zehn Schaufeln abzutreten. Was muss man tun in solchen Momenten? Ruhig bleiben, schon klar – er hat schließlich gerade die Kontrolle über sich verloren. Und was noch?

Dreijährige haben mit ihrem Verhalten keinen besonders guten Ruf. Aber das tröstet mich nur bedingt. Erziehungsexperten reden das auch noch schön. Sie behaupten, dass intelligente Kinder besonders stark von Wutanfällen geschüttelt werden. Wahrscheinlich meinen sie es auch nur gut mit den verzweifelten Eltern. Marius kostet seine Trotzphase jedenfalls in vollen Zügen aus. Ich schneide ihm Apfel auf, obwohl ihm gerade nach Banane ist – und schon färbt sich sein Kopf rot.

Das Verhalten von Kleinkindern lässt sich nicht immer mit Schlafmangel erklären. Manchmal sind wir selbst schuld an der Wut unserer Kinder, weil wir ihnen Unrecht tun. Ein Beispiel: Marius und Julius fuhren auf unserer Straße um die Wette Laufrad. Mein Sohn rammte das Fahrrad eines Nachbarsmädchens, das Verschnaufpause machte. Der Vater des Mädchens schimpfte mit meinem Sohn. Ich sah das von Weitem, ging hin und schimpfte mit. Ich drohte beim nächsten Vergehen mit Laufrad-Entzug. Und es kam, wie es kommen musste.

Marius bremste so knapp vor Jette, dass sie stürzte. Also

kassierte ich das Rad und drückte es meinem Mann zum Tragen in die Hand. Wenig später kam Marius wieder friedlich angerollt. Ich stellte seinen Vater zur Rede, warum er mir in den Rücken falle. Marius sei dem Mädchen nicht mit Absicht reingefahren, erklärte mein Mann: „Er konnte nicht mehr bremsen, weil er zu schnell war." Warum er ihn nicht verteidigt hat? Er zuckte mit den Achseln. Seinen Frust über unser Verhalten baute Marius an seiner winzigen Schwester ab. Denn die kann sich ebenso wenig gegen ihn wehren wie er sich gegen uns.

Solche Situationen gibt es jeden Tag und sehr wahrscheinlich in jeder Familie. Das Schwere ist nur, zu erkennen, wenn wir unfair handeln. Ich will meine Kinder glücklich machen. Und ich hoffe, ich komme jeden Tag ein bisschen näher an den richtigen Weg.

78. Heiße Nächte

Wir sind Stammkunden beim Kinderarzt. Jede Woche besuchen wir ihn, und das ist kein Training dafür, dass Jette ihre Weißkittel-Phobie überwindet. Weil meine Kinder so tierlieb sind, züchten sie seit einigen Monaten Bakterien und Viren. Mal bekommen sie dadurch Ohrenschmerzen, mal Bauchweh, mal Schnupfen, Husten und Fieber.

Unser kleiner, empfindlicher Mikrokosmos verliert dann sein Gleichgewicht und wird schlimmstenfalls arbeitsunfähig. Dagegen helfen nur diverse Säfte, Zäpfchen und Streicheleinheiten. Die Hätschelei gibt es umsonst, den Rest eben nur beim Kinderarzt.

Eines Tages machte Jette zum ersten Mal richtig schlapp. Mit glasigem Blick lag sie auf dem Sofa, zu schwach um aufzustehen. Fieber – 40,2 Grad Celsius. Weil sie keine Medizin schluckt, bekam sie sogar den Hustensaft als Zäpfchen für den Popo. Leider kann sie nicht ausschnauben. In der Apotheke erklärte man mir, dass man das heutzutage auch nicht mehr muss. Man kann Schnupfen mit dem Staubsauger aus der Nase ziehen.

Ein junger Mann zeigte mir einen gläsernen Ballon mit Schlauch, den ich an den Staubsauger anschließen müsste. Ich beließ es bei den Nasentropfen. Die Idee, mit meinem Staubsauger namens Vampir auf meine Tochter loszugehen, machte mir Angst. Ich weiß nicht, ob das richtig war. Jette konnte vor Schnupfen und Fieber nicht schlafen. Nachts wimmerte sie so sehr, dass ich sie in mein Bett holte.

Und was macht Miss 40,2 Grad? Sie zählt alle Leute auf, die sie kennt, puhlt mir im Ohr, zieht an meiner Nase und meinen Haaren. Als ich „pssst" mache, spielt sie Schnullerwechseln. Das geht so: rosa Schnuller raus, blauer rein, blauer raus, rosa rein und so weiter.

Jette war gerade genesen, da beschloss Marius (3), sich mit Fieber aufs Sofa zu legen. Natürlich wollte er selbst beim Fiebern zeigen, dass er das besser kann als seine Schwester. Er schaffte es auf 40,8 und schluckte brav seine Medizin. Auch er wollte die heißen Nächte nicht allein verbringen. Ins große Bett wollte er aber auch nicht: „Papa schnarcht." Also legte ich meine Matratze neben ihn und hielt Händchen. Mein Sohn war glücklich und sang für mich seine Lieblingslieder: „Taaante Anna. Duuu bist die schönste Frau der Welt, so wie du gebaut bist" und „Iinn der Weihnachtsbäckerei gibt es manche Leckerei" und „Wischi wischi wischi waaaaschi, die Arme und das Bäuchlein auch". Irgendwann schnarchte er friedlich.

Die Warterei beim Kinderarzt ging von seiner Freizeit ab. Also besorgte sich mein Sohn einen Arztkoffer, um seine Familie selbst zu behandeln. Jetzt bin ich der Patient. Marius sagt, ich habe Bauchweh. Auf meinem Bauch kleben deshalb drei Pflaster, die er jeden Tag wechselt. Ganz vorsichtig, leider.

79. Wir zeigen Bauch 💬

Meine Tochter ist sehr stolz auf ihren Bauch. Daraus macht Jette auch keinen Hehl. Bei jeder Gelegenheit zieht sie ihr Hemdchen aus der Hose, tippt mit dem Zeigefinger auf ihre Murmel und erklärt, das sei der Bauch und dort drin sei das Essen.

Ich beneide meine Tochter für ihren ungezwungenen Umgang mit ihrer Figur. Dass sie seit vergangenem Sommer drei Kilo zugelegt hat, ist ihr egal. Und allen anderen auch. Wenn Jette ihren Bauch vorführt, sind die Zuschauer voll des Lobes und sagen: „Du hast ja ein süßes Bäuchlein!"

Diesen Satz habe ich zum letzten Mal in meiner Schwangerschaft gehört. In letzter Zeit beschleicht mich das ungute Gefühl, dass meine Haut am Bauch zu groß ist für meinen Körper. Leider habe nicht nur ich dieses Gefühl. Neulich ruhte ich im Liegestuhl auf unserer Terrasse und wollte eigentlich nur die Sonne genießen, als sich ein Schatten vor mein Gesicht schob: mein Mann. Er inspizierte die zerrissene Jeans, die ich trug, und riet mir, beim nächsten Mal eine Nummer größer zu wählen. „Ist doch schade, wenn deine Hosen immer reißen", erklärte er.

Ich setzte mich hin und fragte, ob er ganz ehrlich findet, dass ich zugenommen habe. Nein, sagte er. Er könne das auch schlecht einschätzen, weil er mich jeden Tag sieht. Aber an den Oberschenkeln halte er eine Gewichtszunahme nicht für ausgeschlossen, und das gelte auch für den Bauch.

Ich war beleidigt für so viel Unaufrichtigkeit. Abends traf ich meine Freundin Nicole und erzählte ihr davon. Daraufhin betonte sie, dass sie genau das Gegenteil gedacht habe, als sie mich eben sah. Aus meiner Sicht klang das sehr glaubwürdig. Andererseits gebe ich zu, ich habe mein Gewicht aus den Augen verloren. Bevor ich Kinder hatte, stellte ich mich einmal pro Woche auf die Waage. Wenn mal 300 Gramm mehr auf dem Display standen, habe ich mich so lange von Bananen ernährt, bis wieder alles im Lot war. Mit der Geburt meiner Kinder ist mein Gewicht in den Hintergrund gerückt. Ein Massenphänomen, definitiv. Ich kenne viele Mütter, die zu viel wiegen. Und jede hat eine Erklärung dafür. Die beste stammt von einer Bekannten, die meinte, sie habe während der Schwangerschaft übermäßig Fruchtsäfte getrunken – zum Wohle des Kindes. Und ich frühstücke jetzt sogar. Dadurch esse ich eine Mahlzeit mehr als früher.

Zufrieden schob ich nach sehr vielen Monaten zum ersten Mal wieder meine Waage unter den Badschrank. Im Gegensatz zu Jette habe ich seit letztem Sommer nicht zugenommen. Ich will nicht ausschließen, dass sich mein Gewicht im Laufe der Zeit anders verteilt hat. Doch ich werde mir meine engelsgleiche Tochter zum Vorbild nehmen und im Sommer meinen Bauch und meine Schenkel mit Würde zeigen.

80. Fragen über Fragen

Ich war dabei, meinen Sohn aus dem Kindergarten abzuholen, als ich am Gartenzaun stehen bleiben musste: Mein Sohn – was tat er da? Marius saß mit einem kleinen Mädchen im Sandkasten. Die Kleine war so klein, dass sie noch nicht mal laufen konnte. Er zeigte ihr, wie Sand-in-den-Eimer-schaufeln geht und tätschelte ihr immer wieder den Kopf. Dort saß also genau der Marius, der daheim seiner kleinen Fast-noch-Baby-Schwester regelmäßig einen Schubs gibt, und umsorgte ein Baby. „Das ist Eva", erklärte er mir stolz. Offenbar musste Eva mal eben einspringen. Sonst kümmert er sich im Kindergarten um ein Baby namens Anni, sagte seine Erzieherin. Und seine liebevolle Art sei wirklich rührend. Weil Anni Urlaub hatte, musste Eva herhalten. Mein Sohn hat sein Herz für Babys entdeckt. Das begann mit der Schwangerschaft meiner Freundin Anett. Marius wollte wissen, warum sie so dick ist. Ich sagte, dass ein Kind in der Kugel wohnt. Eine Weile war Marius ruhig, dann fragte er: „Wo geht bei Anett das Essen hin, wenn kein Platz mehr ist im Bauch?" Und er erkundigte sich, warum ausgerechnet Anett und nicht ihr Mann das Kind bekommt. Fragen über Fragen. Ich geriet in Bedrängnis und gab eine unsachgemäße Antwort nach der anderen.

Dann platzte noch Oma Gis mit einer Nachricht heraus, die für Marius einen Rattenschwanz an Fragen nach sich zog: Sein vierjähriger Cousin Finn bekomme wieder ein Baby, sein zweites, erklärte Oma. Ich geriet in Panik: Sollte mein Sohn jetzt glauben, dass sein Cousin Mutter wird? Diese Frage stellte sich zum Glück nicht für Marius. Stattdessen: „ Oh oh, wo kommen die vielen Babys jetzt alle her?" Die Antwort überließ ich Oma Gis, die wiederum sprachlos wurde. Sie sagte, sie müsse noch ein bisschen bügeln.

In den nächsten Tagen redeten wir nicht mehr davon. Marius betonte lediglich immer wieder, dass er seine kleine Freundin Anni zu sich nach Hause einladen möchte. Und sie dürfe auch mit seiner Eisenbahn spielen und mit seinen Tieren und seinen Autos.

Dann kam Opa Roland zu Besuch. Opa Roland schiebt ebenfalls einen Bauch vor sich her, der nicht zu übersehen ist. Er saß am Esstisch, als Marius seine Frage stellte: „Was hast du im Bauch, Opa?" Opa stutzte erst ein wenig, dann antwortete er: „Na Essen." Marius lachte, und Opa Roland lachte auch. Keine weiteren Fragen.

Alles wie immer. Abends vorm Schlafengehen kuschelte ich mit Marius auf seiner grünen Kuschel-Liege, und wir sprachen über die wichtigen Dinge des Lebens. Zum Beispiel über das Essen im Kindergarten. Als ich ihn ins Bett legte und seine Spieluhr aufzog, stellte er die letzte Frage des Tages: „Wann kommt Opas Baby?"

Kinder nehmen das Leben mit Humor. Warum nicht mal singen nachts im Bett mit 40 Fieber? Warum nicht mit seinen Pfunden wuchern? Und warum den Großen nur Löcher in den Bauch fragen, wenn man ihnen ganze Kinder in den Bauch reden kann?

81. Die ewige Suche 💬

Wir sind auf der Suche. Immer ist irgendetwas verschwunden. Mal sind es Schnuller, mal eine Bernsteinkette, mal Holzwürstchen aus der Bockwurst-Dose.

Das Problem ist, dass unsere Kinder ständig diverse Dinge mit sich herumschleppen. Die lassen sie genau dort fallen, wo sie etwas finden, das noch interessanter ist. Oder sie stopfen die Sachen in ein Versteck. So verschwand auf mysteriöse Art und Weise Jettes Milch-Pulle. Zuletzt hatte ich die Flasche gesehen, als meine Tochter mit ihr im Garten spazieren ging und Gras hinein stopfte. Ich erklärte, Gras habe in Milchflaschen nichts zu suchen. Daraufhin leerte sie die Pulli und klemmte sie wieder unter den Arm. Dann war sie weg. Ich suchte tagelang. Bis ich aufgab und beschloss, dass Jette ihre Milch aus einer anderen Flasche nibbeln muss.

Kurz darauf verschwand ein Okapi. Das ist das Lieblings-Spieltier meines Sohnes Marius. Ich hatte es ihm für gute Führung im Zoo gekauft, als Erinnerung. Er sah das Tier, das wahrscheinlich fast kein Mensch kennt, und schloss es in sein Herz. Es hat den Popo eines Zebras und den Kopf einer Giraffe. Und es besitzt eine XXL-Zunge, mit der es bei Bedarf seine Nasenlöcher reinigt. Ein putziges Tier. Marius war sehr traurig, als sein Okapi untergetaucht war. Er weinte sich in den Schlaf, was mich ebenfalls traurig machte. Bis weit nach Mitternacht suchte ich am Tag des Verschwindens nach „Otapion", wie Marius sein Tier liebevoll nennt. Ich durchkämmte jeden Winkel unserer Wohnung und überlegte, ob ich meinen vorm Fernseher schlafenden Mann zur Verstärkung rufen sollte. Der allerdings murmelte in mein Geraschel, das Okapi werde von selbst wieder auftauchen.

So wie die meisten Dinge. Ich fand kein Okapi, aber andere vermisst gemeldete Gegenstände. Zum Beispiel Jettes Milch-Pulli. Sie lag einsam im Schubfach unseres neuen Bücherregals. Im Tiefkühlschrank fand ich einen grünen Schnuller, in der Holzwürstchen-Dose die Bernstein-Kette.

Es ist ein Dilemma. Wenn meine Kinder etwas verschleppen, dann täuschen sie Gedächtnisverlust vor. Sie können sich nicht mehr daran erinnern, wo sie überall mit dem Teil gewesen sind. Noch schlimmer: Sie streiten ab, es vor dem Verschwinden benutzt zu haben. Und wir müssen sofort suchen. Sie hingegen stehen da und trauern, um damit zu dramatisieren, wie wichtig das Teil X in ihrer heilen Welt ist. Das Okapi blieb in jener Nacht verschwunden. Gegen halb sieben war ich gerade dabei, im Bad meine Augenringe zu überschminken. Da stand Marius mit seinem Okapi in der Tür. Es war bei den Dinosauriern, erklärte er. Dort gehören Okapis aber nicht hin, zum Glück.

82. Brotlos glücklich 💬

Kann mir jemand erklären, was so schlimm an Brot ist? Ich kaufe extra nur halbe Brote, damit wir jeden Tag frisches haben. Und ich kaufe weiche Sorten, die man notfalls ohne langes Kauen schlucken kann.

Und was ist der Dank dafür? Jette zieht den Leberkäse von ihrem Schnittchen und steckt die Wurst in den Mund. Damit keine Missverständnisse aufkommen, legt sie das Brot so weit weg von ihrem Teller, wie es ihre Arme ermöglichen. Meistens also auf meinen Teller. Ich habe mir angewöhnt, einen sehr, sehr großen zu benutzen. Am Tellerrand liegen dann die präparierten Brotkrusten ihrer Schnittchen, denn Jettes backenzahnlose Kiefer kriegen die nicht klein.

Ich schneide meiner Tochter Mini-Häppchen. Doch sie bevorzugt Trennkost ohne Brot und leckt selbst die Leberwurst runter. Und so gibt es Abende, an denen ein sehr kleines Mädchen einen beliebten Bauarbeiter-Snack in sich reinstopft – Leberkäse am Stück, aber lauwarm und ohne alles. Und das im Land mit den meisten Brotsorten. Nirgendwo anders auf der Welt machen sich die Bäcker so viele Gedanken darüber, wie sie Abwechslung ins Brotregal bringen. Mehr als 300 Sorten soll es geben. Jette ist das egal. Ihr schmeckt die Wurst ohne Brot besser.

Auch mein Sohn hat ein gespaltenes Verhältnis zu Brot. „Och nee. Das ess ich nish" schimpft er, wenn sich auf seinem Teller abends zum wiederholten Mal in Folge eine Schnitte breitmacht – dekoriert mit Obst-Gesicht aus Bananenscheiben und Apfelstückchen.

Juristisch gesehen ist das Abendessen bei uns dann Erpressung in Tateinheit mit Bestechlichkeit im häuslichen Verkehr: Marius ist nur bereit zum Verzehr, wenn ich ihm als Nachtisch eine kleine Milch anbiete. Milch geht immer. Die kann man entspannt nebenbei trinken, ohne kauen zu müssen und sich die Hände schmutzig zu machen.

Selbst mein Mann hat Tage, da fehlt ihm der Respekt vor deutschen Bäckern. Neulich kam er von der Arbeit nach Hause, die Kinder lagen schon im Bett. Er sah auf dem Esstisch die Brotscheiben liegen, die frische Wurst und den Käse. Altersgerecht dekoriert mit Oliven und getrockneten Tomaten. „Och nee", sagte mein Mann und zog ein langes Gesicht. Er habe sich auf Nudeln mit Wurst und Tomatensoße gefreut, und darauf sei sein Magen nun eingestellt. Ich erpresste ihn mit Rotwein. Der geht immer bei ihm.

Von dem Brot-Theater in unserer Familie profitieren zahlreiche Enten. Mit Sicherheit trägt meine Tochter Schuld an der Fettleibigkeit mancher dominanter Erpel. Wir gehen also regelmäßig an den Teich zum Entenfüttern, jedes Kind mit eigenem Beutel. Leider gehen einige Tiere leer aus. Weil meine Kinder ihnen die altbackenen Reste wegessen.

83. Opas blaue Federn

Das Leben war einmal sehr einfach. Wenn das Toilettenpapier alle war, ging ich in die Drogerie und kaufte einen neuen Pack. Ich nahm stets Preiswertes. Weißes Papier, meistens dreilagig. Irgendwo muss man anfangen zu sparen, also begann ich damit beim Toilettenpapier.

Gestern habe ich Staub gewischt im Spielzeug-Regal meines Sohnes. Zwischen Klopapier-Rollen. Mir fällt es schwer, das zu sagen. Aber Marius sammelt Klopapier. Dort, wo eigentlich Autos und Teddys und Bücher hingehören, stehen bei uns diverse Hygieneartikel. Mein Sohn hat Klopapierrollen mit blauen Federn, mit blauen Blumen, mit Vögeln, mit Wolken. Von der Sorte mit blauen Fischen besitzt er sogar zwei Rollen. Das macht das Leben nicht mehr ganz so einfach. Wenn ich heute Toilettenpapier kaufe, muss ich eine optisch anspruchsvolle Sorte suchen, die mein Sohn noch nicht im Regal stehen hat.

Eine Leserin schrieb mir eine sehr lange Mail. Sie schrieb von ihrer Tochter, die ein bisschen jünger ist als mein Sohn. Das Mädchen hat demzufolge einen Farbfimmel und liebt grün, orange und gelb. Und die Kleine hasst rot und blau. Vorsichtshalber lässt sie deshalb im Kindergarten beim Tischdecken die roten und blauen Löffel im Müll verschwinden. Damit sich bei den Erzieherinnen keine Missverständnisse einschleichen.

Die Leserin fragte mich, ob mein Sohn auch so einen Farb-Tick hat. Also schrieb ich die Wahrheit: dass mein Sohn blau liebt. Und dass das aus heiterem Himmel begann, als er so alt war wie ihre Tochter. Ich schrieb ihr auch, dass er jetzt die nächste Stufe erreicht hat und Toilettenpapier mit blauem Muster sammelt. Und Küchenrollen, Taschentücher und Servietten.

Damit schockierte ich die arme Mutter wohl so sehr, dass ich nie wieder etwas von ihr hörte. Ich wollte sie doch nur vorbereiten auf das, was noch passieren könnte.

Schuld an der neuen Leidenschaft meines Sohnes sind seine Großväter. Der eine, weil er gerne sammelt, der andere, weil er Klopapier mit blauen Federn kauft. Da muss etwas mit Marius' Genen passiert sein, vermute ich. Seine erste Rolle bekam er von Opa Roland geschenkt. Wir waren bei ihm zu Besuch, als Marius die blauen Federn auf dem Klopapier entdeckte. Er wünschte sich von Herzen eine eigene Rolle. Und so stieg Opa Roland mit seinem Enkel die Treppen hinab in den Keller, um ihm Klopapier zu schenken. Neulich wollte mein Sohn beim Friseur etwas für seine Sammlung einpacken. Allerdings ließ er sich dann doch darauf ein, stattdessen ein Bonbon mitzunehmen. Die Rolle war nur weiß.

Vor ein paar Jahren schimpfte mein Mann darüber, wie unverschämt manche Leute seien: Bei ihm auf Arbeit wurde damals Toilettenpapier gestohlen.

84. Wir heben ab 💬

Ich war noch nie am Ballermann. Ich habe noch nie Sangria aus Eimern getrunken und bin noch nie besoffen am Strand eingeschlafen. Und das, obwohl wir seit der Geburt unserer Kinder ständig Urlaub auf Mallorca machen. Zwei Stunden im Flieger, und danach landet man in der Sonne, meistens. Man versucht sich zu rechtfertigen, wenn man nach Mallorca fliegt. Doch Tatsache ist, dass sich Marius und Jette dort wohlfühlen und nie einem Betrunkenen begegnet sind. Außer auf dem Flughafen von Palma. Dort liegen Männer mit Strohhüten rum, die hilfsbedürftig aussehen und nach Bier riechen. Aber das ist meinen Kindern egal. Wir waren jetzt wieder auf Mallorca – mit Oma Gis, Opa Siggi und der Familie meines Bruders.

Dummerweise hatte mein Sohn einen Fehlstart. Morgens kroch er daheim aus dem Bett, stand mit seinem blauen Bob-der-Baumeister-Koffer im Flur und wollte losfliegen. Doch Marius hatte sich im Tag geirrt und war 24 Stunden zu früh dran. Als ich ihm das erklärte, bekam er sehr, sehr schlechte Laune.

Dann kam der Tag der Abreise. Mit kleinen Kindern fliegen, das ist wie Wildwasser-Rafting: Man hat Herzklopfen und ist am Ende nass – dummerweise vom eigenen Schweiß. Jette reist noch gratis und bekommt dafür nur einen Stehplatz im Flugzeug. Also trampelte sie auf meinen Oberschenkeln rum und schaute über meinen Sitz nach hinten. Dort saß ein Pärchen in Oma Gis' Alter, das wegen Jettes Kontaktversuchen die Zeitschriften höher vors Gesicht hob. Die Frau las ein Blatt zum Thema „Top-Figur ohne Sport", ihr Mann las etwas über Autos. Und Jette schaute zu. Manchmal hüpfte sie auch ein bisschen, bis sie zur Landung erschöpft einschlief. Marius saß am Fenster und erkundigte sich unmittelbar nach dem Start im Minutentakt, wann wir da sind. Ab und zu rüttelte er an seinem Vater und bat ihn, die Augen aufzumachen. Doch der schnarchte selig vor sich hin. Er leidet unter Flugangst und hatte eine Beruhigungspille geschluckt.

Oma Gis saß zum ersten Mal seit vielen Jahren im Flugzeug. Und sie hoffte zwei Stunden lang, dass das Ding nicht abstürzt. Als sie ausstieg, klagte sie über den Ohrendruck bei der Landung. Früher sei das nicht so gewesen. Zumindest kann sie sich nicht daran erinnern, bei ihrer Gran-Canaria-Reise damals kurz nach der Wende. Opa Siggi hatte ebenfalls Angst – um seine Badehose und seinen Rasierer: „Gibt es denn keine Bons für die Koffer? So kann sich doch jeder bedienen", schimpfte er schon auf dem Flughafen. Und war erleichtert, als er seinen Koffer wieder bekam.

Zur Landung klatschten alle Beifall. Würde ich mir auch mal wünschen, dass mein Chef klatscht, wenn ich mit der Arbeit fertig bin.

85. Gefährlicher Strand 💬

Von Jette geht definitiv keine Gefahr aus, wenn sie am Meer spielt. Doch eine ältere Dame hielt meine kleine Tochter für eine tickende Zeitbombe. Jette saß am Strand von Mallorca, als sie ein Mittelmeer-Trauma erlitt.

Sie saß im Sand am Rand des Wassers, dort, wo die Wellen enden und Touristen gerne ein bisschen spazieren gehen. Jette saß also im Weg. Und sie wühlte mit ihren Händen im nassen Sand. Die Frau blieb vor ihr stehen, schob die Sonnenbrille von der Nase ins Haar, zog ein ernstes Gesicht und wies Jette zurecht: „Grab hier bloß keine Löcher! Da fallen Leute rein und brechen sich die Knochen." Meine Tochter weinte erschrocken. Jette weiß nicht, was Knochen sind. Weil ich ein Problem damit habe, wenn fremde Menschen kleinen Kindern Angst einjagen, schimpfte ich zurück Richtung fremde Frau. Ich erklärte ihr, dass Jette mit ihren Sechs-Zentimeter-Händen

nur wühlt und nicht gräbt und nach der nächsten Welle nichts von den Gräben übrig bleibt. Die Frau setzte ihre Brille wieder auf, schlug einen Bogen um uns und ging weiter.

Ich schwöre, nie würde ich fiese Löcher am Strand hinterlassen. Nicht nur wegen Oma Gis und Opa Siggi, die mit uns Urlaub machten.

Jette suchte sich aus Angst vor aggressiven Touristen eine neue Beschäftigung. Sie wollte das Meer verlegen, und das ging so: Sie nahm ihre gelbe Gießkanne, stellte sich mit einem Meter Sicherheitsabstand vors Wasser, gab mir ihre Kanne und sagte „voll". Jette neigt dazu, mit kraftvollen Ein-Wort-Sätzen herumzukommandieren. Ich füllte sie, Jette rührte sich nicht von der Stelle und leerte die Kanne mit ausgestrecktem Arm. Dann gab Jette mir sie zurück und sagte „nochmal". Jette hat sehr viel Ausdauer.

Marius erklärte sich bereit, für seine Schwester mit der Gießkanne Wasser zu holen. Allerdings ging das nur in seinen Badepausen, und die waren kurz. Als sie ihr Trauma mit der fremden Frau verarbeitet hatte, getraute sich Jette, wieder im Sand zu spielen. Am liebsten schaufelte sie dann ihren Eimer voll und kippte ihn wieder aus.

Oma Gis kannte Mallorca bisher nur von abschreckenden Filmchen aus dem Privatfernsehen. Jetzt, am Strand, erklärte sie die Insel für schön und legte sich auf ihrem Handtuch in die Sonne, weil sie braun werden wollte. Allerdings neigt Oma Gis eher dazu, erst rosa und dann rot statt braun zu werden. „Hast du dich eingecremt?" fragte ich fürsorglich an ihrem ersten Strandtag. Oma Gis erklärte, warum das im Moment nicht nötig sei: „Es ist doch nicht um zwölf. Früher hieß es immer, um zwölf ist die Sonne gefährlich." Gleichzeitig bat sie mich, den Kindern zum Sonnenschutz T-Shirts überzuziehen. Doch Jette und Marius waren mit Lichtschutzfaktor 50 von der Sonne abgeschirmt, während Oma Gis jeden Strahl nutzte. Am nächsten Tag verkroch sich Oma Gis in ihrer Strandmuschel.

86. Meine lila Sandalen 💬

Es gibt Menschen, die im Urlaub nur einen Liegestuhl brauchen. In unserer Ferienanlage auf Mallorca gab es zwei Menschen davon, ein Pärchen. Morgens, wenn wir zum Frühstück gingen, lagen die beiden am Pool auf Liegestühlen. Sie bewegten sich nicht. Abends gingen wir wieder zum Essen. Das Pärchen lag immer noch reglos da. So ging das jeden Tag. Vielleicht lagen sie schon länger, und vielleicht liegen sie heute noch auf ihren Liegestühlen.

Wahrscheinlich liegen sie einfach nur gern herum. Im Urlaub darf man machen, was man will. Manche wollen liegen, manche hüpfen. Marius und Jette zum Beispiel. Morgens hüpften sie vom Bungalow zum Buffet. Danach hüpften sie am Strand herum. Manchmal stellten wir sie ruhig, indem wir sie in Fahrrad-Kindersitze schnallten. Abends tanzten sie auf der Bühne in unserer Ferienanlage, wobei Tanzen bei Marius und Jette auch eher ein Hüpfen ist.

Jette hat im Urlaub einen eigenen Tanz entwickelt. Ich würde sagen, es ist eine Mischung aus Heavy-Metal-Tanz und Pogen: Sie schüttelt ihren Kopf, springt und wackelt mit den Armen. Jette tanzte hingebungsvoll zu „Macho Man" und „Valentin Baby", während Marius sich für die Mini-Disko warm hüpfte. Selbst im Bett hüpften Marius und Jette weiter. Sie stellten sich in ihre Betten und hüpften. Auf. Ab. Auf. Ab. Ich kontrollierte die Lage über Babyphon und schritt regelmäßig ein. „Legt euch hin, sonst nehme ich Wombel und Dolly weg", drohte ich ihnen. Kurz darauf ging ich wieder in ihr Schlafzimmer und schnappte mir Wombel und Dolly, ihre Kuscheltiere. Aus dem Hüpfen wurde weinen: „Woombl", wimmerte Marius aus Sehnsucht nach seinem Hasen. Und Jette, die sehr sozial ist, wimmerte mit für ihren Bruder: „Woombl".

Während unsere Kinder im Urlaub am liebsten hüpfen, lassen wir Erwachsene uns gerne mal gehen. Bei meinem Mann, Oma Gis und Opa Siggi wurde das am Buffet sehr deutlich.

Sie schaufelten sich hemmungslos ihre Teller voll. Mein Mann klagte nach ein paar Tagen, dass ihm das Essen nicht bekomme. „Vielleicht liegt es einfach nur an der Menge", sagte ich.

Und Oma Gis war glücklich, am Buffet spazieren zu gehen. „Guck mal, Kürbissuppe für Jette", rief sie mir von einem Ende zum nächsten zu, wenn sie etwas Neues entdeckt hat. Auch ich neige dazu, mich im Urlaub gehen zu lassen. Ich wasche meine Haare seltener als daheim und laufe mit lilafarbenen Gummi-Sandalen herum, die ich heimlich liebe. Mein Mann sieht das mit Sorge. Als wir die Promenade entlang bummelten – ich mit rosa Kleid und lila Gummi-Schuhen – da schämte sich mein Mann ein bisschen für mich. Ich sehe aus wie ein Mallorca-Tourist, sagte er, was mich wiederum beruhigte: Da war ich ja zum Glück in bester Gesellschaft.

87. Wir machen uns krumm

Bis vor kurzem wäre ich nicht auf die Idee gekommen, mich nach Erdbeeren zu bücken. Das war gar nicht nötig. Wenn ich welche essen wollte, kaufte ich sie im Supermarkt oder am Straßenrand. Manchmal holte ich frische vom Feld, die zuvor jemand für Leute wie mich gepflückt hatte. Das dauerte höchstens zwei Minuten. Ich musste mich nur vor die Frau in der großen Kunststoff-Erdbeere stellen und sagen, wie viel ich möchte.

Ich hatte vergessen wie es ist, seinen Nachtisch selbst zu ernten. Nur einmal startete ich den Versuch einer Reise in die Vergangenheit. Statt Blumen pflanzte ich Erdbeeren in meine Balkonkästen. Dummerweise erntete sie jemand anders, weil wir im Urlaub waren. Also beschloss ich, wieder Blumen anzubauen.

Jetzt habe ich Kinder und finde, die sollten wissen, woher

ihr Essen kommt. Deshalb waren wir auf dem Erdbeerfeld: Marius, Jette und ich. Damit sich kein Kind vernachlässigt fühlt, kaufte ich jedem ein kleines Körbchen. Jette nahm Dolly und Gisbert mit zur Ernte, ihre Stoffpuppe und ihren Nasenbären. Während Dolly in der Kapuze von Jettes Jacke saß, klemmte Gisbert im Erdbeerkörbchen und später unter meinem Arm. Ich erklärte meinen Kindern, dass sie nur die roten Beeren sammeln sollen.

Um sicher zu gehen, zeigte ich ihnen, wie rote Beeren aussehen. Jette nickte verständnisvoll und stapfte los. Während sie darauf bestand, alleine loszuziehen, degradierte mich mein Sohn zum Erntehelfer. „Du hältst die Blätter hoch und ich nehm die Erdbeeren", sagte Marius. Auf dem Feld war es zugig, und er lief dicht hinter mir in meinem Windschatten. Wir stapften kreuz und quer über das Feld, weil Marius nebenbei noch Schnecken suchte. Jette kam dagegen zügig voran. „Dud mal, Eeerbiiier", piepste sie vergnügt. Übersetzt heißt das „guck mal, Erdbeeren". Allerdings hatte sie sich eher auf die grünen Beeren spezialisiert, was einen großen Teil ihrer Ernte ungenießbar machte. Als ich sie darauf hinwies, sammelte sie lieber das Stroh, das auf den Pfaden zwischen den Pflanzen lag.

Dann war mein Handy weg. Verschollen   irgendwo zwischen Disteln und Erdbeerpflanzen. Es musste aus meiner Jacke gefallen sein. Eine Frau lieh mir ihres, sodass ich mich anrufen konnte. Erdbeer-Pflücker halten zusammen. Ich bekam den Beweis, dass ein aggressiver Klingelton bei der Feldarbeit sehr nützlich ist. Mehrere Menschen hielten inne beim Pflücken und schauten Richtung klingelnde Erdbeerpflanze. Ich musste nur noch hinlaufen und mein Telefon aufheben. Es war ein bisschen wie früher.

Ich erinnerte mich, wie ich mit meiner Mutter im Garten Beeren geerntet hatte. Das Bücken gehörte zur Vorfreude auf den Nachtisch. Abends zerdrückte ich einen Teil der Beeren und machte Zucker und Milch ran. Meine Mutter nannte das früher „Matsch" – ich aß es trotzdem gern. Wir hatten nicht die schönsten Beeren in den Körbchen. Dafür aber den schönsten Tag der Woche.

Mit Kindern macht man Sachen, die man sehr lange nicht mehr getan hat.

88. Bilderschau

Mir ist jetzt was aufgefallen: Auf Fotos öffne ich immer den Mund, ziehe die Oberlippe an und rümpfe die Nase. Das sieht ein bisschen nach Hase aus. Und mir ist noch was aufgefallen: Mein Sohn Marius zieht auch so ein Gesicht, wenn er fotografiert wird.

Ich habe unsere Urlaubsfotos abgeholt und festgestellt, dass wir ähnliche Grimassen schneiden. Sogar Foto-Grimassen werden vererbt. Das ist alles. Viel mehr sagen unsere rund 200 Urlaubsbilder aber nicht aus. Ehrlich gesagt, kann man nicht mal nachvollziehen, in welchem Land wir uns aufgehalten haben. Es gibt nichts, was auf Mallorca hindeutet. Manchmal sieht man Meer und Palmen auf den Fotos, aber das gibt es ja nicht nur am Mittelmeer.

Stattdessen zeigt jedes Bild Marius oder Jette oder alle beide: Marius im Naturschutzgebiet, Marius am Strand, Jette auf dem Fahrradsitz, Jette mit Tomatensoße-Gesicht, Jette beim Muscheln sammeln, Jette mit Sand im Gesicht, Jette ganz in weiß beim Sich-selbst-Eincremen.

Mein Mann und ich leiden unter Eltern-Narzissmus. Das heißt, wir sind so begeistert von unseren Kindern, dass wir beim Fotografieren alle anderen schönen Dinge übersehen. Da ist nicht mehr viel mit Bildern von wehenden Palmen, Schiffen, die übers Meer treiben und Einsiedlerkrebsen, die ihre Muschel-Häuser spazieren tragen.

Früher fotografierten wir im Urlaub Burgen, Häuser und Berge und stiegen stundenlang Vögeln nach, nur um sie groß genug vors Objektiv zu kriegen. Wir machten Fotos von unseren Fahrrädern, wie sie an Bäumen lehnten oder vollgespritzt waren mit Schlamm. Manchmal bauten wir ein Stativ auf und fotografierten uns selbst. Heute sind unsere Urlaubsalben Bildbände von Marius und Jette. Und jedes Foto ist so schön, dass ich es am liebsten an die Wand hängen würde.

Ähnlich hat sich unsere Urlaubspost entwickelt. Das Kartenschreiben ist meine Aufgabe. Weil mein Mann kein Freund der großen Worte ist, beschränkt sich sein Teil der Arbeit darauf, die fertigen Karten in den Briefkastenschlitz zu stecken.

Heute gehört es fast zum guten Ton, dass sich Kleinkinder Karten schreiben. Das ist ungeschriebenes Eltern-Gesetz. Und weil Kleine nur kritzeln können, helfen die Großen. Also in unserem Fall ich. Diesmal schrieb ich sieben Karten, und vier davon waren Kinder-Post: an Jettes Tagesmutter, an Marius' Kindergarten und an die beiden Freunde meines Sohnes. Doch was schreibt man sich so als Kind? Wohl ähnliche Dinge wie als Erwachsener. Und so schrieb ich auf jede Karte denselben Text: dass es nichts Schöneres gibt, als am Strand zu buddeln und die Sonne jeden Tag scheint. Als mein Mann die Karten in den Briefkasten stopfte, fing es an zu regnen. Das blieb dann für den Rest des Urlaub so. Deshalb werde ich nie, nie wieder Urlaubskarten schreiben.

89. Die weißen Gestalten

Sagt man nun Samstag oder Sonnabend? Eigentlich ist das ja egal, aber in unserer Branche wiederum auch nicht. Journalisten können über solche Fragen lange diskutieren. Ich schreibe jetzt mal Sonnabend, weil das bei uns daheim so heißt: Sonnamd.

Das ist mein Putztag. Ich putze und wasche und bügel. Klingt nach viel, ist es aber nicht. Weil mir dafür nur die zwei Stunden am Mittag bleiben, in denen Marius und Jette friedlich in ihre Kissen schnarchen. Und meistens geht von den zwei Stunden noch was ab. Denn Marius besteht wegen des hohen Monster-Aufkommens in seinem Zimmer darauf, dass seine Tür offen bleibt. Deshalb warte ich, bis er schläft und schließe geräuschlos seine Tür. Erst dann habe ich keine Angst mehr davor, meine Kinder mit Wischgeräuschen von der Mittagsruhe abzuhalten.

Wie aus dem Nichts öffnete sich jetzt ein neues Zeitfenster am Putztag. Es war am Morgen, als Marius und Jette Frieden schlossen. Sie legten fest, dass sie keinen Kampfrichter mehr brauchen. Statt sich mit Bausteinen zu verprügeln, spielten sie mit Jettes Holz-Puppenwagen. Marius saß drin und Jette musste schieben. Statt sich gegenseitig kleine Autos wegzunehmen, fuhren sie Bobbycar-Rennen durch Wohnzimmer und Küche – Marius, Jette und Hugo. Hugo, unser Meerschweinchen, fuhr bei Marius im Anhänger mit.

Und so schälte ich Kartoffeln und stampfte Brei daraus. Ich hängte Wäsche auf und wischte Staub. Der Frieden hielt an. Die beiden hatten sich inzwischen ins Zelt verkrochen, das im Zimmer meines Sohnes steht. Sie übten campen, man kann ja nie wissen. Ich holte den Staubsauger und ging auf Wollmaus-Jagd, sogar in den Ecken. Aus dem Kinderzimmer drang vergnügtes Quieken. Und weil ich ein bisschen egoistisch bin und dachte, dass der Mittagsschlaf diesmal auch mir gehören soll, klemmte ich mich hinter meinen Bügelwäscheberg. Ich bügelte vor mich hin, gedankenverloren. Nach einer Weile fiel mir ein, dass da noch zwei herrenlose Kleinkinder durch die Wohnung streunen.

Ich wurde unruhig, weil ich sie nicht hörte. In den Kinderzimmern waren sie nicht. Normalerweise kann nichts passieren bei uns, weil wir eingerichtet sind wie ein Kindergarten. Die gefährlichen Sachen sind so verstaut, dass niemand unter 1,50 Meter an sie rankommt.

Das Quieken kam aus dem Badezimmer. Auf dem Fußboden saßen zwei weiße Gestalten. Welche Marius und welche Jette war, ließ sich nicht eindeutig erkennen. Gut, die kleinere musste Jette sein. Die beiden hatten sich von Kopf bis Fuß mit Rasierschaum eingeschäumt. Haare, Gesichter, Arme, Bäuche, Beine. Und weil in der Dose noch bisschen was drin war, haben sie auch den Fußboden eingeschäumt.

90. Frühstück bei Birgit 💬

Dieser kleine, rote Fleck auf dem grauen Teppich ist mir peinlich. Das Problem ist, uns gehört nur der Fleck und nicht der Teppich. Er liegt im Wohnzimmer unserer Freunde Waldemar und Birgit. Im schwachen Moment haben sie uns zum Frühstück eingeladen. Sonntags, zur entspanntesten Zeit einer Standard-Woche. Bei uns endet die immer mit einer Kehrschaufel Essensreste, zusammengefegt unter den Stühlen von Marius und Jette.

Weil Waldemar und Birgit keine Kinder haben, liegt unter ihrem Esstisch ein Teppich. Ein grauer, und wahrscheinlich war er auch teuer. Ich hatte ein bisschen Bauchschmerzen, als sich Jette mit ihrem Ganzkörper-Lätzchen am Tisch breitmachte. Dort oben die Erdbeeren und roten Johannisbeeren – dort unten der makellose Fußwärmer. Und in der Mitte ein winziges Mädchen mit zweifelhaften Tischsitten.

Zuerst machte sich Jette über ihr Ei her, sie hat eine Schwäche für Eiweiß und für gute Wurst. Also aß sie Ei, italienischen Schinken und Salami, verlangte nach Käse und Brötchen, nippte an ihrer Milch und zupfte sich ein Johannisbeerchen nach dem anderen ab. Jette fühlte sich wie zu Hause.

Auch Marius fühlte sich wohl am fremden Tisch. Waldemar hatte verschiedene Brötchensorten gekauft, und Marius durfte sich zwei davon aussuchen: eins für sich und eins für Wombel, seinen zerliebten Kuschel-Hasen. Immer wieder schielte ich heimlich unter den Tisch, um die Lage zu checken. Alles sauber.

Marius und Jette sind keine Freunde ausgedehnter Mahlzeiten. „Kommt, ich baue euch eine Höhle", schlug Birgit vor. Birgit nahm ihre Wolldecke und breitete sie über Sofa und Sessel, sodass sich Marius und Jette darunter verkriechen konnten. Leider ist Jette, motorisch gesehen, auf dem Stand eines Elefanten im viel zu kleinen Raum. Die Höhle fiel über ihr zusammen. Da hatte Waldemar die Idee, die Decke über den Couchtisch zu legen. Mir wurde übel: Der Tisch hat eine Glasplatte und wird stets mit Untersetzern vor Unwägbarkeiten geschont. Und jetzt sollte er Höhle werden?

Wie aus dem Nichts tauchte dann dieser rote Fleck auf dem Teppich auf. Eine zertretene Johannisbeere. „Ist nicht so schlimm", sagte Birgit. Doch ich wusste, wie sie sich fühlte. Man ärgert sich sehr über solche Flecken, will aber niemanden verletzen. Als wir noch keine Kinder hatten, waren Freunde mit ihrer dreijährigen Tochter bei uns zum Frühstück. Mein Mann verfolgte das Mädchen einen Vormittag lang mit dem Staubsauger. Jetzt kauerte er unter Birgits und Waldemars Esstisch und versuchte, den Fleck wegzuwischen. Wie er dort kniete, entdeckte ich ein Geheimnis: Jette ist unschuldig. An der weißen Socke meines Mannes klebte der Rest der Johannisbeere.

91. Mein Solo am Babybett 💬

Ich saß müde am Schreibtisch und nippte Cappuccino, aber das half nichts. Ich blieb schläfrig. „Sing doch mal", sagte Lutz, mein fürsorglicher Kollege. Nicht, dass ich sofort losträllern sollte. Aber er hatte gelesen, dass Kinder am besten schlafen, wenn ihre Mütter ihnen abends vorsingen. Und Lutz weiß, meine Kinder schlafen manchmal schlecht. Also dachte er an mich, als er über die mütterlichen Schlummer-Gesänge las. Leider ist es so: Mein Singen macht Jette aggressiv. Das ist der Dank dafür, dass ich extra für sie ein neues Lied gelernt habe. Ich nahm eine Kinder-CD und schob sie ins Autoradio. Wenn ich zur Arbeit fuhr, übte ich den Text. Ich wählte Titel Nummer 18 und trällerte sehr laut mit: „Bist du müüüde, kleine Maaaus? Koooomm zu mir und ruuuh dich aus ..."

Es ist nicht so, dass ich schief singe oder brumme. Früher sagten meine Eltern immer, ich sei musikalisch und hätte eine sehr schöne Stimme. Also entwickelte ich als Kind ein gewisses Selbstbewusstsein. Ich lernte Gitarre spielen, damit ich meinen Gesang begleiten konnte. Und ich erklärte mich bereit, im Schulchor mitzusingen – gerne auch als Sopran oder für eine Soloeinlage, wenn's sein musste. Damals beschwerte sich niemand über mich. Allerdings konnte es sich unser Musiklehrer auch nicht leisten, Leute von seinem Chor auszuschließen. Er war auf jedes Stimmchen angewiesen, und da gab es wirklich auch ein paar schräge.

Weil meinen Gesängen heute keiner mehr zuhört, dränge ich sie meinen Kindern auf. Wissenschaftler haben ja herausgefunden, dass das gut sein soll. Kinder spüren dann den Schutz ihrer Mutter und wissen, dass sie sicher sind vor Bären, Wölfen, Räubern, Löwen und anderen schlimmen Monstern. Marius brachte ich lange mit La Le Lu ins Bett. Auf seinen Wunsch hin hörte ich vor ein paar Monaten damit auf. Da Jette ihr eigenes Schlaflied bekommen sollte, lernte ich „Bist du müde, kleine Maus?". Irgendwann fand ich mich so gut dabei, dass ich am Bett meiner Tochter auftrat. Jette beobachtete meine Lippen und lachte. Nun findet sie meinen Gesang nicht mehr lustig. Sobald ich einstimme, brüllt sie: „Nein!" Dazu wedelt sie mit beiden Händen, als müsste sie sich vor etwas Schlimmem schützen. Wenn ich trotzdem weiter singe, schreit sie wehklagend: „Neeeiinn, Mamaela!" Das Wort „Mamaela" hat Jette erfunden, es ist eine Mischung aus meinem Namen und meiner Funktion. Wenn sie verärgert ist, ruft sie mich so. Anfangs dachte ich, dass ihr das Lied nicht gefällt. Doch daran liegt es nicht. Jedes Schlaflied aus meinem Mund macht sie aggressiv.

Gekränkt ging ich zu Marius und versuchte, ihm mein neues Lied vorzusingen. Und mein Sohn bat mich, es lieber von einer CD abzuspielen.

92. Mund auf mit Gebrüll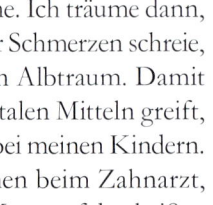

Manchmal träume ich, ich hätte faule Zähne. Ich träume dann, wie ich auf dem Zahnarztstuhl sitze und vor Schmerzen schreie, weil mir jemand im Mund rumbohrt. Ein Albtraum. Damit meine Zahnärztin niemals zu solchen brutalen Mitteln greift, lege ich viel Wert auf Mundhygiene. Auch bei meinen Kindern. Zum ersten Mal waren wir jetzt zusammen beim Zahnarzt, Marius, Jette und ich. Vor uns musste ein Mann auf den heißen Stuhl, der über einen abgebrochenen Schneidezahn klagte. Er war sehr tapfer. Aus dem Zimmer kamen bis auf ein paar nasal gejammerte „Aaas" kaum Geräusche.

Ich überspielte meine Angst, indem ich meinen Kindern einen Vortrag über die Notwendigkeit der Zahnpflege hielt. Ohne Erfolg. Jette bekam Panik und versuchte zu flüchten. Sie rannte zur verschlossenen Tür, streckte sich, stellte sich auf die Zehen und schaffte es zum ersten Mal in ihrem Leben, eine Türklinke herunterzudrücken.

Marius stand währenddessen wie gebannt vor einem Plakat mit karieskranken Zähnen. Es war so ein Vorher-Nachher-Plakat mit faulen und behandelten Zähnen, und ich erklärte ihm, dass die braunen Stellen weggebohrt und gefüllt wurden. Marius jammerte: „Ich mache keinen Mund auf!" Worauf ich ihn beruhigen wollte und für gutes Zähneputzen lobte. Damit lobte ich auch mich selbst, denn mein Sohn öffnet zum Putzen bereitwillig den Mund und lässt mich gewähren. Er hat eine Schwäche für gute Zahncreme. Neulich erwischte ich ihn im Bad beim Naschen – er lutschte Zahncreme, ich musste also die 3,95-Euro-Tube verstecken. „Du bekommst Bauchschmerzen davon", schimpfte ich. Und dachte insgeheim an meine Kindergartenzeit, als ich mich ebenfalls von Zahncreme ernährt hatte. Damals aß ich Putzi. Das taten alle meine Kindergartenfreunde. Einmal drückte ich mir eine weiße Putzi-Wurst auf eine Brotscheibe und erzählte das meinen Kumpels. Kurz darauf prahlte mein Freund John, er habe Wienerwürstchen mit Putzi verspeist.

Um zu vermeiden, dass mein Sohn diese zweifelhaften Rezepte weiterentwickelt, habe ich also die Zahncreme versteckt. Denn selbst vor Jette ist die Tube nicht sicher. Auch sie schluckt gerne mal eine Portion Zahncreme runter – sträubt sich aber, beim Putzen den Mund zu öffnen. Das machte den Zahnarztbesuch nicht einfacher. Ich nahm sie auf den Schoß und hielt ihren Kopf fest. Vermutlich habe ich Marius damit so sehr eingeschüchtert, dass er es sich anders überlegte und doch brav den Mund offen hielt. Jetzt fragt er, wann wir wieder zum Zahnarzt gehen. Nicht, weil ich ihm und Jette danach Eis gekauft habe. Ihm schmeckt die Zahncreme, die er als Belohnung von der Ärztin geschenkt bekommen hat.

93. Imbissbude mit 100 PS

Kann es sein, dass an Kekskrümeln in Autopolster-Ritzen schon Familien zerbrochen sind? Ich hoffe nicht. So ein Krümel tut doch niemandem etwas. Es schimmelt nicht, macht keine Flecken und dünstet keine üblen Gerüche aus. Und irgendwann, wenn der Staubsauger doch mal in die Ritze kommt, verschwindet es spurlos. Besser kann es mit Dreck nicht laufen, finde ich.

Leider neigen Männer dazu, sich an Krümeln im Auto zu stören. Selbst wenn die Krümel von ihren eigenen Kindern stammen. Mein Mann benutzt im Zusammenhang mit meinem Auto schlimme Worte. Er beschimpft es als „peinlich", „verdreckt", „verwahrlost" und manchmal sogar als „asozial", wenn er mal einsteigt. Deshalb nehme ich ihn nur noch mit, wenn es sich nicht vermeiden lässt. Für Familienausflüge benutzen wir sein Auto, weil ich nicht möchte, dass meines und damit ich beleidigt werde.

Er ist kein Auto-Narr oder so. Aber er hat es gern sauber. Und dort liegt der Haken. Während ich der Meinung bin, ein Kind kann man im Auto ruhig verpflegen, ist das Auto meines Mannes ein Steril-Trakt und keine Imbissbude. Marius, Jette und ich müssen bei ihm während der Fahrt hungern, nur damit keine Gummibärchen an den Polstern festkleben. Nun fragte mich mein Kollege, ob ich für unsere Zeitung ein großes, neues Auto auf Familienfreundlichkeit testen würde. Ich freute mich auf das neue Spielzeug und sagte zu. Erst danach erklärte er, dass ich das Auto einigermaßen sauber zurückgeben soll. Also auch ohne Kekskrümel in den Ritzen, weil wir uns vor dem Hersteller nicht blamieren wollen. Alles Männer wahrscheinlich, die es nicht schaffen, ein Fahrzeug auch mal als Biotop zu sehen.

„Das arme Auto", sagte mein Mann, als ich ihm von dem Test erzählte. Und so wurde der Familienfreundlichkeits-Test des Vans für mich zur persönlichen Herausforderung, ein

Auto zwei Wochen lang sauber zu halten. Es war eine harte Zeit für uns drei – für mich, Marius und Jette. Wenn wir in den Supermarkt fuhren, weigerte ich mich, meinen Kindern auf dem Rückweg ein Brötchen zur Verfügung zu stellen. Sie mussten sieben Minuten hungern. Wenn wir einstiegen, kontrollierte ich, ob die Schuhe vorher geputzt wurden.

Auf das Ergebnis war ich sehr stolz. Auch mein Mann war einigermaßen zufrieden, verschwand aber trotzdem mit dem Staubsauger im Testwagen. Manchmal versucht er auch, mein Auto auszusaugen. Schließlich sind die Krümel von Marius und Jette auch seine Krümel.

Aus dem Küchenfenster habe ich jetzt etwas Interessantes beobachtet: Mein Nachbar, der vermutlich nicht weiß, welche Lappen in der Wohnung zum Staubwischen gedacht sind, dieser Nachbar putzte ein Auto. Es war das Auto seiner Frau, das sein Sohn vollkrümeln durfte. „Sieht aus wie sau", sagte er.

94. Alles zu spät 💬

Es ist schon ein paar Jahre her, und Marius und Jette hausten noch als unbefruchtete Eizellen in meinem Unterleib. Manchmal war ich morgens spät dran. Denn der Arbeitstag begann nach meinem Gefühl ein bisschen zu zeitig.

Dabei hatte ich den Zeitplan nach dem Aufstehen genau durchstrukturiert: zehn Minuten im Bad und zehn Minuten für einen Pulver-Cappuccino. Hielt ich den Plan ein, blieb mir eine Viertelstunde als Puffer, bis ich zur Arbeit fahren musste. Diesen Puffer vertrödelte ich leider schon im Bett. Ich drückte einfach den Wecker aus, bis schon alles zu spät war. Und so musste ich morgens hetzen und fühlte mich unverstanden vom Rest der Welt, der mein Start-Problem nicht ernst nahm. Denn das Leben hatte längst Fahrt aufgenommen, als ich mich gerade aus meinem Bett quälte.

Es ist nicht so, dass ich heute nicht mehr spät dran bin. Im Gegenteil. Aber mit Kindern beginnt ein Tag doch ein bisschen anders als ohne Kinder. Denn ein ganz normaler Morgen von berufstätigen Eltern kann schnell mal so aussehen: Den Wecker zu ignorieren, kann ich mir nicht mehr leisten. Also springe ich beim ersten Piepsen aus dem Bett, als wäre ich bei der Armee.

Ich marschiere ins Bad, um die Zähne zu putzen, und dann weiter in die Küche. Ich fülle die Brotbüchsen für die Vesper und schmiere für die Kompanie Frühstücksbrote. Neben mir stehen zwei baugleiche weiße Babyphone, die sich nur durch fünf Bleistift-Kreuzchen unterscheiden. Über das gekennzeichnete Gerät funkt Marius meistens etwas später als Jette. Und Jette scheint gerade erwacht zu sein.

Sie wimmert, schlechtes Zeichen. Als ich die Kindermilch auf etwas über Körpertemperatur erwärmt und in die Flaschen gefüllt habe, kommt mein Mann mit Jette und Marius ins Zimmer. Ich ziehe mich mit den Kindern zurück aufs Sofa, auf dem sie mit geschlossenen Augen ihre Milch nibbeln. Mein Mann macht in der Zwischenzeit Cappuccino. Nicht mehr aus Pulver, sondern aus Bohnen. Wir haben uns so eine moderne Maschine zugelegt, bei der man nur auf den Knopf drücken muss.

Marius findet das sehr interessant und will seinem Vater auch an diesem Morgen helfen. Er tapst in die Küche und schmeißt versehentlich die volle Kaffeetasse runter, die am Tischrand steht. Überall Kaffee. An den weißen Küchenmöbeln, auf seiner Kleidung, auf der Hose meines Mannes und an der Wand, die zum Glück cappuccinofarben gestrichen ist. Marius schreit, Jette schreit, mein Mann wischt, ich stopfe die dreckigen Sachen in die Waschmaschine und schalte sie an. Irgendwann frühstücken wir, und ich bin wieder spät dran. Doch mit dem Unterschied, dass ich im Gegensatz zu früher eine Ausrede habe.

95. Die sieben Zwerge 💬

Das Leben ist ungerecht zu Marius. Seit seine jüngere Schwester Geburtstag hatte, fühlt er sich vom Leben und allem, was dazugehört, ungerecht behandelt. Wie kann es sein, dass er der große Bruder ist, seine kleine Schwester aber vor ihm Geburtstag haben darf?

Jette ist zwei geworden. Und die Tatsache, dass in ihrem Zimmer ein Geschenke-Berg gewachsen ist, macht ihrem Bruder zu schaffen. Wohnwagen, Hüpfball, Lok mit Anhänger – alles Sachen, die sich Marius auch gut in seinem Zimmer vorstellen könnte. „Wer hat als nächstes Geburtstag?" fragte Marius. Meine Antwort zog sich eine ganze Weile hin, denn zwischen Jettes und seinem Geburtstag liegen zwar nur zwei Monate, aber noch sechs andere Familien-Geburtstage.

Wir feierten also mit sieben Zwergen ausgiebig zwei Jahre Jette. Kleinkind-Geburtstage sind ohnehin eher kritisch, wenn man sich zusätzlich noch Kleinkind-Gäste ins Haus holt. Man hofft immer, dass die Kinder vorher gut geschlafen haben, sich nicht um Spielsachen prügeln und in der Wohnung keine bleibenden Schäden hinterlassen. Die Kinder spielten, die Erwachsenen machten Hindernis-Lauf. Die Schwierigkeit bestand darin, beim Weg vom Wohnzimmer zur Toilette oder zur Terrasse nicht auf ein Kind zu treten. Aus jeder Richtung kroch jemand über den Boden und schob irgendetwas vor sich her: Autos, Bagger, Lokomotiven, Pferde, Frösche.

Und mitten im Getümmel: Opa Roland und Oma Karla, die auf der Durchreise von Österreich nach Hause waren und eigentlich ihrer Enkelin in Ruhe die Hand schütteln wollten. Beide ergriffen nach kurzer Zeit die Flucht unter dem Vorwand, noch Koffer auspacken zu müssen. „Wir kommen doch bald mal wieder", sagte meine Schwiegermutter im Gehen. Sie zog schnell die Tür hinter sich zu und flüchtete. Meine Hilfe-Rufe hat sie wahrscheinlich nicht mehr gehört.

Es gab keine Verletzten, und das heißt, wir haben den Tag gut überstanden. Unsere Nachbarin war ein bisschen verwundert über die Musik, die bei uns lief. „Was hört ihr denn zum Kinder-Geburtstag für Zeug?", fragte sie, als sie abends auf unserem Fußboden nach ihrem Sohn suchte.

Marius hatte zu Ehren seiner Schwester Musik aufgelegt. Und weil er zurzeit gerne Klassisches hört, wählte er aus dem Musical „Cats" von Sir Andrew Lloyd Webber das Stück „Memory". Es geht darin um Erinnerungen und Träume. Wahrscheinlich fand Marius, dass das für einen zweiten Geburtstag genau das Richtige ist.

Mein Sohn beginnt, sich mit seiner ungerechten Umwelt zu arrangieren. „Jette, du musst teilen", sagte er zu seiner Schwester und spielt seitdem mit ihrer neuen Mini-Dampflok. Damit sie nicht mit leeren Händen dasteht, hat er ihr einen älteren Schnellzug zugewiesen. Auch Jette ist glücklich, denn bisher durfte sie den nicht berühren.

Inhalt

Impressum

Zweimal Erziehungsurlaub, bitte!

© Chemnitzer Verlag
1. Auflage, 2012

Text: Manuela Müller

Illustrationen: Ingolf Höhl
Layout: Ingolf Höhl

Gesamtherstellung: Westermann Druck Zwickau GmbH

www.chemnitzer-verlag.de

ISBN: 978-3-937025-84-1